EMPATIA

MONIKA HEIN

EMPATIA
EU SEI COMO VOCÊ SE SENTE

Tradução de Glaucia Bustamante

Rocco

Título original
EMPATHIE
Ich weiß, was du fühlst

Copyright © 2018 *by* GABAL Verlag
Primeira publicação pela GABAL Verlag

Edição brasileira publicada mediante acordo com
Sandra Bruna Agencia Literaria SL.

Direitos para a língua portuguesa reservados
com exclusividade para o Brasil à
EDITORA ROCCO LTDA.
Rua Evaristo da Veiga, 65 – 11º andar
Passeio Corporate – Torre 1
20031-040 – Rio de Janeiro – RJ
Tel.: (21) 3525-2000 – Fax: (21) 3525-2001
rocco@rocco.com.br
www.rocco.com.br

Printed in Brazil/Impresso no Brasil

Preparação de originais
BEATRIZ D'OLIVEIRA

CIP-BRASIL. CATALOGAÇÃO NA PUBLICAÇÃO
SINDICATO NACIONAL DOS EDITORES DE LIVROS, RJ

H382e

Hein, Monika
 Empatia : eu sei como você se sente / Monika Hein ; tradução Glaucia Bustamante. - 1. ed. - Rio de Janeiro : Rocco, 2023.

 Tradução de: Empathie: ich weiß, was du fühlst
 ISBN 978-65-5532-341-2
 ISBN 978-65-5595-189-9 (recurso eletrônico)

 1. Empatia. I. Bustamante, Glaucia. II. Título.

23-82760   CDD: 152.41
                         CDU: 179.9

Gabriela Faray Ferreira Lopes - Bibliotecária - CRB-7/6643

O texto deste livro obedece às normas do
Acordo Ortográfico da Língua Portuguesa.

Sumário

Prefácio — 9

1. Empatia — um mapeamento da compaixão — 15
O mapa interno — 31
Uma viagem ao Sri Lanka — 36
O que é empatia? — 42
Empatia nas pesquisas científicas — 60
Uma visão empática ao mundo — 67
Autoempatia — 74
Empatia com os outros: coração ou razão? — 85
Sentimentos e suas consequências — 90
Podemos racionalizar os sentimentos? — 101
O que o corpo físico sabe? — 106
Riscos e efeitos colaterais da empatia — 110

2. A visão obstruída: dez bloqueadores da empatia — 115
O filme diário da mente — 121
Egoísta ou narcisista? — 134
A eterna busca pela felicidade — 141
A maldição da eterna dúvida — 146
Os primeiros segundos de julgamento — 150
A mentira da comparação — 159
A busca pela perfeição — 163
Desconfiança e ciúme — 170
Falar restringe a empatia — 175
O que o agricultor não conhece ele não come: vivendo na zona de conforto — 180

3. A visão se abre: dez impulsionadores de empatia — 185

Fazer uma pausa — 189
O momento mágico — 198
O pensamento muda a direção — 200
Perdoar — 204
Ficar vulnerável — 208
Ver com empatia — 211
Ouvir com empatia — 218
Falar com empatia — 224
Escrever com empatia — 230
Amar com empatia — 238
A revolução empática — 259

Agradecimentos — 263
Bibliografia — 265

Para Marleen

Prefácio

No verão de 2016, conheci uma senhora muito especial em um curso de meditação que faço anualmente em Darry, nos arredores da cidade de Kiel, na Alemanha. Com um belo sorriso no rosto, ela me perguntou sobre a dor de garganta de que eu vinha sofrendo havia anos. Ao final do curso, que durou vários dias, ela se aproximou para se despedir, acompanhada por seu cachorro velhinho, e pegou meu contato pessoal com um amigo muito próximo.

Eu a reencontrei no Festival de Ioga *Wasser Klang*, em Hamburgo, onde ela me surpreendeu com a maravilhosa notícia de que havia marcado uma consulta para mim em uma das melhores clínicas da Europa, a *Hamburguer Stimmklinik*.

Esses encontros me disseram muitas coisas sobre aquela senhora. Tinha uma boa alma e simpatizava e se preocupava com os outros. Ela era mãe e uma mulher muito inteligente, jovial e criativa, cuja formação acadêmica incluía o doutorado. Estou falando, obviamente, da doutora Monika Hein, a autora deste livro.

A palavra "empatia" é interpretada de muitas e diferentes maneiras. No budismo, usamos as palavras em *Pali* "Anukampa" e "Sahanukampa". Esses dois termos descrevem o desejo de eliminar a dor e o sofrimento do outro.

Eu viajo todos os anos ao redor do mundo e conheço muitas pessoas de diferentes origens sociais. Descobri quão importante é compreender as pessoas com quem temos contato. A maioria dos problemas em nossas vidas surge de percepções errôneas e de mal-entendidos. Não devemos tirar conclusões ou julgar precipitadamente a quem ou ao que quer que seja, pois precisamos de tempo e de experiência para obter a imagem mais íntegra possível da situação ou das pessoas.

A comunicação é de fundamental importância para construir e manter relacionamentos. E muitas vezes nesses casos, o estilo ou tipo de comunicação é menos importante do que o objetivo ou o método de comunicação utilizado. Devemos desenvolver uma clara compreensão do que queremos expressar, antes de começarmos a nos comunicar. Para isso, precisamos de empatia. Antes de dizer algo, precisamos ser capazes de "sentir" a outra pessoa.

A empatia pode ser vista de duas maneiras. Fundamentalmente, o termo descreve a capacidade de compreender os sentimentos e as experiências dos outros. Por outro lado, a autoempatia é também de significativa importância, levando-nos a nos conectarmos com nós mesmos e a nos levar em consideração, antes de tecermos conclusões sobre os outros.

Toda pessoa tem um objetivo, uma meta na vida. A abordagem para se conseguir alcançar esse objetivo é diferente para cada um, no entanto, todos se esforçam para serem felizes, para alcançarem a felicidade que desejam na vida. Isso é comum a todos os seres. Devemos, primeiro, ser conscientes e estarmos atentos a nossa própria vida para que possamos alcançar a felicidade, e para isso precisamos entender a nós mesmos. Isso não tem nada a ver com egoísmo, mas sim com uma compreensão mais profunda de nosso propósito na vida, que é o de sermos felizes. Dessa forma, estaremos, então, mais motivados a ajudar os outros e a também capacitá-los à compreensão das coisas. Assim, não julgaremos ninguém, mas estaremos aptos a simpatizar com o outro.

O estado de nossa mente é fundamental para sermos felizes. No entanto, o estado mental de uma pessoa pode mudar em poucos segundos, assim como o céu azul e límpido rapidamente pode ficar nublado. A causa dessa instabilidade pode estar fundamentada em padrões previamente estabelecidos ou em situações imprevisíveis.

Nos ensinamentos budistas, nossa mente muda do estado de normalidade para o de agressivo em três estágios:

1. **Anusaya:** nesse estado, a mente está livre de agitação; todos os pensamentos estão adormecidos; nenhum movimento é perceptível do lado de fora.
2. **Pariyuttana:** esse é o estado da mente em que há quebra de quietude quando surge um pensamento, isso determina um movimento agressivo muito sutil na mente.
3. **Veethikkama:** nesse estágio, principiam angustiosos pensamentos que são expressos por meio de discurso rude e ofensivo e ações violentas que marcam essa condição mental.

É claro que a cada momento em que nossa mente está desperta, passamos por um desses três estágios. Se, no entanto, estamos cientes e percebemos em qual desses estágios estão nossas mentes, podemos refletir sobre quanto tempo e espaço precisamos dar a nós mesmos para entender algo.

Vivendo em sociedade, precisamos lidar com nossos semelhantes. A vida de uma criança com seus pais se desenvolve gradualmente e ela se integra à sociedade em geral. Em todas essas relações temos um papel a cumprir, como uma espécie de dever que nos foi imposto. Enquanto não fizermos isso de forma satisfatória, não poderemos colher os frutos.

Empatia significa a sutil atenção de nossa mente, capaz de compreender as relações humanas. Como seres não iluminados, é impossível para nós entender completamente o outro, já que os seres humanos são fenômenos dinâmicos e não formas estáticas, pois que todos os seres estão sujeitos a mudanças. De fato, percebemos com maior facilidade a mudança no outro do que nos damos conta dela em nós mesmos. Isso faz com que nos sintamos feridos pela mudança do outro e, por isso, passamos a evitar ou interrompemos totalmente o relacionamento.

Enquanto não entendermos a natureza dessas constantes mudanças do ser, teremos dificuldade em manter relacionamentos humanos saudáveis. Desenvolver uma compreensão dos diferentes caracteres dos seres humanos nos ajuda realmente a entender as pessoas. Se compreendermos melhor que cada indivíduo possui um caráter único, que lhe é próprio e que o distingue dos demais, poderemos encontrar a solução para muitos problemas. A empatia é essencial para reconhecer que não podemos esperar a mesma coisa de todos.

Há uma crescente disposição em classificar os indivíduos em padrões relacionados a poder aquisitivo e a dispô-los em diferentes classes sociais, e essa tendência parece contribuir para a falta de intimidade entre as pessoas nos diversos contextos sociais. No entanto, amizades verdadeiras são construídas na união, e um abraço é mais significativo do que o dinheiro para fortalecer um relacionamento. Ninguém nesse planeta é perfeito ou livre de erros ou fraquezas. Não se pode condenar alguém em definitivo por ter cometido erros ou falhas. Nós, os humanos, temos a necessidade de punir o outro por três razões:

1. Em retaliação;
2. Para servir de exemplo à sociedade;
3. Para resguardar o "malfeitor" de cometer mais erros e levá-lo ao caminho correto.

Aqui, a terceira intenção é a correta. Quando um ente querido comete um erro, deve-se ter para com este compaixão e amor. Retaliação somente leva ao ódio e à raiva, e esta última gera a injustiça.

A visão da doutora Monika baseia-se em uma abordagem diferente, que é promover que os indivíduos tenham *insights*, a fim de que renovem relacionamentos enfraquecidos. Em nossas conversas, relatei minhas experiências e concordamos que culpar e reclamar, em lugar de negociar e de esclarecer, só nos leva a mal-entendidos e, em consequência, a um enfraquecimento desnecessário dos relacionamentos.

A doutora Monika Hein tem uma vasta experiência social. Seus esforços incansáveis são louváveis, e desejo-lhe todo o sucesso em seus projetos.

Venerável Monge Budista,
Dangala Kusalagnana Thissa Thero

Tradução para o alemão de Martin Laschkolnig e Monika Hein.

1. EMPATIA — UM MAPEAMENTO DA COMPAIXÃO

Empatia é uma bela palavra: quando pensamos em alguém empático, pensamos em alguém caloroso e agradável. Com prazer, banhamo-nos na água da empatia: onde todos se amam e são bons uns para os outros. Junte a isso incensos aromáticos, chá de morango, música de meditação, e pronto. Tudo estará perfeito.

Entretanto, é um pouco vago o que exatamente pensamos a respeito dessa descrição: significa agir com cordialidade? Ser gentil? Ser sensível, espiritual, ou demonstrar doçura? Ser pacífico? Tudo isso pode estar certo, entretanto, empatia é muito mais do que isso; ela é problemática, difícil, muitas vezes cansativa. Ela nos exige emocional e intelectualmente e quer de nós, muitas vezes, mais do que estamos preparados para dar.

> Empatia é a única alternativa.

Normalmente, sentimentos de empatia não vêm de imediato à nossa mente e, no entanto, estão lá, dentro de nós, e nos interpelam, nos questionam, deixam que corramos riscos, abrem nossos corações e nos fazem vulneráveis. A empatia pode mudar nossas vidas radicalmente e tornar o mundo um lugar melhor quando nos desafia a olhar mais profundamente para nossos sentimentos, aceitá-los e aprender a lidar com eles, já que essa é a única alternativa.

Por que ansiamos tanto por empatia e compaixão? Por que a empatia se tornou um tema tão popular, e por que temos a impressão de que, atualmente, ela é tão especial e importante?

Ao lançarmos um olhar às condições sociais e às questões políticas, então, parece que a empatia está decididamente em falta. O mundo naufraga em caos, muros são construídos interna e externamente, nós nos separamos uns dos outros, tornando-nos "nós" e "os outros". É raro que alguém aparente se importar com os sentimentos do outro.

Sentimentos

Os sentimentos estão por toda parte, tanto faz em que ambiente trabalhamos, vivemos, amamos e atuamos, nós os percebemos, expressamos, vivemos através deles ou os apreciamos ou suportamos. Muitas vezes são difíceis de lidar, já que ditam as regras do que devemos fazer, afetam nosso humor e moldam nosso comportamento com os outros. E não raramente eles também voltam a desaparecer. Sentimentos são como inesperados visitantes, podemos convidá-los a ficar por longo tempo ou podemos deixar que se vão.

Neste livro, não falamos apenas sobre os nossos próprios sentimentos, mas também sobre os sentimentos de outras pessoas, já que eles, queiramos ou não, nos influenciam. Tristeza e alegria, luto e felicidade — são sentimentos visíveis, perceptíveis, tangíveis e modificam o humor, a atmosfera do ambiente. Em todos os lugares onde há pessoas reunidas, temos que lidar com muitos e diferentes sentimentos. Cumpre-nos decidir como proceder em relação a eles: vamos nos envolver, vamos dar espaço aos sentimentos dos outros? Vamos permitir que nos influenciem, afetem, ou vamos observar apenas, de uma distância segura? Quão próximos dos sentimentos dos outros queremos estar? Quão perto deles realmente queremos chegar?

Esses questionamentos nos levam inevitavelmente ao tema da compaixão, que é a arte de sentir o que o outro sente, de colocar-se no lugar do outro, de calçar os mesmos sapatos do outro e até mesmo de caminhar com eles. Com isso, temos a oportunidade, ao mesmo tempo, de conhecer nossos próprios sentimentos e de os reconhecermos nos outros.

Quando está tudo bem, quando nos entendemos, nos sentimos bem uns com os outros, não há a necessidade de empatia, certo? Pois que, quando um relacionamento se mantém equilibrado, quando concordamos, somos naturalmente mais empáticos, pelo menos assim nos sentimos. Quando isso acontece, é mais fácil perdoarmos uns aos outros. Ou essa facilidade em perdoar advém da simpatia que temos um pelo outro e não necessariamente tem origem na empatia? Vem do fato de nos espelharmos uns nos outros, de sermos semelhantes, e de o outro nos confirmar o que realmente somos?

Por outro lado, quando as pessoas vivem muito distantes de nós, consideramos mais difícil sentir empatia por elas, pois quanto mais estranhas as pessoas nos parecem, menos nos importamos com o que lhes acontece. Em seu livro *Die leblose Gesellschaft* [A sociedade sem vida], Jeannette Hagen demonstra que, ao assistirmos a um documentário de um cenário de guerra em que há fotos de refugiados em terríveis condições e crianças famintas em fuga, isso pouco nos afeta atualmente. Como precisamos continuar nosso dia a dia, simplesmente desligamos a TV e vamos para a cama como se aquela situação absurda não existisse no mundo, como se a realidade dessas tragédias não estivesse praticamente à nossa porta.

De fato: se a cada momento de nossas vidas nos deixássemos levar por todo sofrimento que há no mundo, não conseguiríamos mais ser felizes, não poderíamos mais suportar nossos dias.

Com a abundância de sofrimentos e calamidades que nos é apresentada diariamente pela mídia, fica evidente que estamos com nossos espíritos cada vez mais embotados, completamente oprimidos por tanto sofrimento, resultando na incapacidade de empatia e de solidariedade e, com isso, não damos a devida importância a essas mensagens — nós as isolamos em algum lugar onde, tanto quanto possível, elas não possam nos incomodar ou machucar, pois são tantas as desgraças que elas ameaçam nos sobrecarregar.

Assim, também, em menor escala, tornamo-nos cada vez mais fechados aos sentimentos do outro. Não é preciso que seja uma guerra ou uma grande tragédia, basta que duas pessoas se dirijam à mesma vaga de estacionamento. Falta empatia em muitos cantos e esquinas. Mesmo em momentos nada espetaculares de nossas vidas, podemos praticar viver com mais empatia.

Praticar a compaixão

Como podemos ser solidários, sentir a dor do outro e, ainda assim, sermos felizes? Como podemos ser gratos e ao mesmo tempo não sermos indiferentes ao sofrimento alheio? Isso acontece e se repete inúmeras vezes em nosso dia a dia e em diferentes contextos: na vida privada, nas empresas, nos relacionamentos, entre amigos, na política, enfim, no trato diário com as pessoas, pois sentimentos e sensibilidade afloram por toda parte. Nada funciona sem isso, que se aplica não só a situações públicas, a eventos importantes que originam comoções, mas também a pequenas coisas que parecem sem importância em determinado momento, mas que pesam em sua totalidade e podem ao fim tornar nossa existência mais fácil ou mais difícil.

Vamos lançar nossa atenção a essas pequenas situações, através das quais podemos praticar. Cada ato de sentimento empático para com o outro, por mais que possa parecer insignificante, é preciso e conta. Assim, podemos começar a viver com *microempatia*, pois que a cada vez que conseguimos nos colocar no lugar do outro, em qualquer situação, mesmo as que nos pareçam insignificantes, nos encantamos ao ver o sorriso nos lábios de alguém. Estou completamente convencida de que, se seguirmos nessa direção, poderemos transformar o mundo.

Exemplo 1: Empatia na Educação

Com 21 anos, fui para Hamburgo para estudar música. Houve uma aula de teatro da qual eu jamais pude me esquecer, pois me marcou profundamente. Devíamos simplesmente subir ao palco e descrever tudo o que havíamos feito naquela manhã, desde que acordamos até aquele momento — foram as instruções da professora de teatro.

Um a um subiram ao palco os estudantes de música, e, em determinado momento, chegou a minha vez. Nervosa, descrevi meu café da manhã, minha viagem de ônibus até o centro da cidade, meu caminho até a escola e minha chegada a ela. Quando terminei minha exposição, disse a professora para toda a classe: "Estão vendo? É isso que acontece. Aqui temos uma pessoa com um certo carisma, olhamos para ela com interesse, mas quando sobe ao palco, tudo isso desaparece."

Naquele momento, dentro de mim, parte do meu mundo desmoronou. A partir de então, a cada vez que eu subia num palco, minha capacidade de comunicação desaparecia, e isso se tornou um padrão, uma crença. Até o início de minha profissão, como palestrante e conferencista, tive que combater essa convicção. Hoje, aquelas palavras não significam mais nada para mim, não *podem* significar, porque aquela professora avaliou e julgou sem o menor senso de consideração sobre como uma jovem poderia se sentir ao ouvir aquilo. Será que ela não tinha nenhuma noção do que suas palavras causariam àquela jovem, ao ser menosprezada e desvalorizada?

Como pode um jovem se desenvolver se é desvalorizado? Como é possível que pessoas sejam receptivas, se sempre forem julgadas por suas deficiências, suas falhas? Sempre tive muita dificuldade de aceitar isso. Por outro lado, essa problemática foi importante para que eu moldasse minha performance como conferencista. Sob esse aspecto, tenho mesmo que ser grata àquela professora, porque ela forneceu um caminho que me fortaleceu profissionalmente como mestra. Aprendi, àquela ocasião, que empatia tem a ver com poder e status, pois quanto mais poder as pessoas têm, menos elas se preocupam em simpatizar com os que precisam de proteção. O palco, em particular, exige que as pessoas se abram, confiem em si mesmas e se exponham. Um comentário tão destrutivo pode fechar todas as portas de uma vez só.

Olhando para trás, posso dizer que havia muitos professores que seguiam essa metodologia de ensino, a de primeiro destruir para depois reconstruir, segundo seus próprios critérios. Claro que isso pode funcionar para aqueles que possuem grande ambição, forte vontade e boa autoestima para resistirem a essa forma de ataque e, ainda, isso lhes servir de ajuda a se tornarem melhores, já que podem se sentir motivados ao serem criticados. No entanto, para as pessoas que ainda duvidam de sua própria capacidade, esse tipo de metodologia é um veneno para a alma.

A versão empática

O professor levaria em consideração como nos sentimos emocionalmente vulneráveis ao subirmos em um palco. Logo, na minha pequena representação, ele avaliaria e saberia como eu estava me sentindo, então elogiaria minha coragem em falar livremente e começaria a conversar comigo a respeito de tudo que me ocorreu pela manhã e, com isso, faria com que minha insegurança diminuísse. Eu estaria no palco apenas contando a ele o que eu fiz, como se estivéssemos conversando a sós, e, assim, iria me sentir cada vez mais confortável. Ao final, ele me daria um feedback e me perguntaria como foi a segunda versão em relação à primeira, se esta fez com que eu me sentisse melhor. Assim, aprendo com ele os fundamentos da fala espontânea e fluente no palco e saio do palco tendo aprendido algo de valor.

Exemplo 2: Corrida e cães

Uma jovem exercita-se correndo ao longo do rio Alster, em Hamburgo. Um cão e seu dono vêm em sua direção, e o cão, trotando feliz, choca-se com a jovem. A mulher tropeça no cão e começa a gritar e a agredir verbalmente o dono do cachorro, acusando-o de ser irresponsável por não trazer o cão preso a uma guia.

Quem corre regularmente já passou por momentos como esse com os cães. Claro que o dono do cachorro poderia tê-lo chamado a tempo ou trazê-lo preso a uma guia, mas a corredora também podia ter se desviado, pois o caminho era largo o suficiente para todos. O cachorro é irracional e não se pode esperar que ele se comporte de outra maneira. Assim, o ponto de vista da jovem seria: "Aqui é meu lugar de correr." Por outro lado, o ponto de vista do proprietário do cão seria: "Há espaço suficiente para todos."

Eu mesma tenho uma cachorrinha e sei que ela se atira espontaneamente em frente às bicicletas ou aos corredores se eu a chamo, portanto, geralmente, não chamo por ela quando vejo que há espaço na via, pois, na verdade, é mais efetivo.

> Se existe algo oposto à empatia é achar que se tem sempre razão.

Então, para qual dos dois seria possível ter uma atitude empática diante da situação? O dono do cachorro ou a jovem? Ambos? O fato é que os dois queriam ter razão e acabaram em um pior estado de humor. Se existe algo oposto à empatia é achar que se tem sempre razão. O que resultou de positivo nessa situação?

A versão empática:

Por compreender que o dono do cachorro não teve a intenção de lhe causar nenhum mal e saber perfeitamente que os cães naturalmente fazem o que lhes dá na cabeça, a jovem desvia-se dele com elegância, assim, o dono do cachorro lhe lança um gentil sorriso, desculpando-se, e assobia para chamar seu cachorro. Ou: o dono do cão assobia para chamá-lo porque sabe que ele não se comporta adequadamente e cumprimenta a jovem, desejando-lhe um bom dia — e ela continua alegremente sua caminhada. Nenhum dos dois precisou se irritar.

Exemplo 3: A gerente no poço

A gerente de uma fábrica recebe um telefonema de um colega, comunicando que os trâmites de um projeto não estão saindo conforme o planejado. Enquanto ainda está concentrada, buscando uma solução a esse problema, chega sua secretária para tratar de algo completamente diferente. A gerente, ainda imersa em seus problemas, resmunga e a dispensa rudemente, reclamando com ela, que não havia percebido que não era momento para incomodá-la. A assistente sai envergonhada, sentindo-se ofendida.

Em sua atitude, a gerente acha que a secretária deveria saber que não era hora para interrompê-la. Já o pensamento da secretária era o de que não deveria ser tratada assim, já que ela sempre fazia por sua chefe o melhor que podia e não tinha culpa do que estava acontecendo.

Diante dessa situação, ambas se sentem com a razão. Então, o que é certo? Pode a gerente ser ríspida e tratar mal a secretária porque esta não foi sensível o bastante para perceber que, naquele momento, ela estava imersa num poço de problemas? Ou a assistente tinha o direito de ficar de cara amarrada porque tinha a melhor das intenções e foi tratada mal e injustamente?

> Quanto mais reina o ego, menos o coração se abre à empatia.

Até o final do dia, ambas continuavam achando que estavam certas.

Então, como evitar ou contornar uma situação assim? Como posso gerenciar meu ponto de vista para que haja um consenso?

A versão empática:

A gerente sabe que a secretária está apressada porque tem muito trabalho ainda em sua mesa para terminar e responde, de preferência com suavidade, que naquele momento não pode se concentrar em outra coisa, pois precisa de um tempo para se acalmar e pensar. Então pede uns dez minutos para isso. A secretária assim retorna dez minutos depois e ambas podem, calmamente, ouvir uma à outra.

Ou: a secretária percebe, pela expressão da chefe, que a executiva está num momento difícil, observa que ela está de cabeça baixa, com um semblante pesado e uma expressão sombria. Assim, entende que a gerente não está em condições de absorver nada naquele momento e decide voltar mais tarde, se ocupando em fazer uma outra coisa naquele intervalo. Acima de tudo, ela decide que não vai se incomodar com isso.

As versões empáticas não são, à primeira vista, tão difíceis, são? Você pode também entendê-las como atitudes de gentileza e prudência. No entanto, a ação empática requer uma disposição de se desviar dos próprios objetivos, de levar em consideração as necessidades dos outros, de colocar as próprias necessidades de lado por um breve momento e, finalmente, tornar-se receptivo e gentil. Ter empatia exige uma certa atenção curiosa do que pode estar acontecendo com o outro. Muitas vezes, basta apenas um sorriso para salvar uma situação conflitiva. Aqueles que decidem ter uma ação empática nas situações certamente se sentem mais gentis, confiantes, com a alma aquecida, e são vistos como pessoas amáveis e confiáveis.

Atualmente, essa mudança de direção, esse realinhamento de pensamento e disposição à empatia é muito difícil para muitos de nós, pois sempre queremos que as coisas sejam do jeito que desejamos. No ano de 2006, em seu famoso discurso na *Northwest University*, em Illinois, Barack Obama nos legou as seguintes palavras:

"Mas acho que deveríamos falar mais a respeito de nossa falta de empatia — a capacidade de nos colocar no lugar de outra pessoa, ver o mundo pelos olhos daqueles que são diferentes de nós; da criança faminta, do metalúrgico desempregado, da imigrante que limpa nosso quarto. À medida que você avança na vida, cultivar essa qualidade de

empatia se torna mais difícil, não mais fácil. Não há nenhuma obrigação em servir à comunidade, ninguém exige isso de você, você será deixado livre para viver em um bairro com seus iguais e poderá enviar seus filhos para a mesma escola e limitar seus cuidados ao que está acontecendo em seu pequeno círculo. Pior, vivemos em uma sociedade que não incentiva a empatia. Em uma sociedade que primeiro nos diz que é preciso ser rico, magro, belo, famoso, seguro e bem-sucedido, em uma cultura que muitas vezes reforça esses impulsos egoístas."

Egoístas. Isso é o que somos cada dia mais. Cada vez mais, sempre mais. A lista de acontecimentos em que vejo que poderíamos ser mais empáticos e menos egoístas é longa. Todos os dias enfrentamos colisões de egos, e, no entanto, se nos concentrarmos apenas na falta de empatia que há em nossa sociedade, podemos rapidamente perder a coragem; em lugar disso, vamos olhar para as inimagináveis possibilidades que se escondem por trás dessa palavra mágica.

> "A empatia é um bem raro. Há uma gritante escassez dela, somos como pessoas morrendo de sede no deserto. As pessoas precisam dela com urgência. E a maioria praticamente a desconhece. Conhecem apenas a palavra e a acham ótima. Mas a empatia precisa ser experimentada! Ela opera uma iluminação, uma descoberta."
>
> Jürgen Engel

Empatia: é possível aprender?

Uma questão que é sempre procedente: pode-se aprender empatia? Realmente é fácil de aprender?

Eu sei, por experiência própria, que é possível, e aprendi isso com meu primeiro namorado e de uma forma, pode-se dizer, que muito me emocionou.

Bem, Jürgen Engel foi meu primeiro namorado, na época eu estava com dezesseis anos e ele era um ano mais velho. Nós nos apaixonamos e começamos um relacionamento. De vez em quando, tínhamos conflitos; para falar a verdade, tínhamos muitos e frequentes conflitos e nossa relação tornou-se insuportável: Jürgen nunca perdia uma oportunidade para me provocar e ficava irritado com qualquer coisa que eu dissesse ou fizesse, e isso não me agradava. Após dois meses, rompemos o namoro, mas mesmo depois ele continuou a me criticar em nosso círculo de amigos. A admiração que antes havia acabou.

Anos mais tarde, encontro seu perfil profissional na plataforma on-line "XING", da qual era membro e através da qual me convidou para assistir a um seminário intitulado "Comunicação para mulheres"; logo depois, recebi um outro convite para o "CNVC" (Centro de Comunicação Não Violenta). Fiquei perplexa. Meu hostil e rabugento ex-namorado agora ministrava cursos de comunicação, e, ainda por cima, sobre Comunicação Positiva? E, além dos cursos, ainda atuava com *coaching* para indivíduos, grupos e casais? Por dias essas informações não saíram da minha cabeça e, como não consegui parar de pensar naquilo, decidi escrever para ele, perguntando o que havia acontecido em sua vida nesse meio-tempo. Ele me responde com um e-mail cordial, dizendo que havia muito desejava se desculpar e por longo tempo lamentou ter sido tão rude comigo. Foi uma agradável surpresa. Um assunto tão antigo ser solucionado com tanta tranquilidade! Imediatamente tive a impressão de que, apesar de nossas antigas diferenças, havia um novo e caloroso entendimento entre nós.

Mantivemos contato. Em abril de 2017, participei com ele de meu primeiro seminário, um Workshop no CNVC. Foi um dia maravilhoso, com algumas lembranças sobre o passado. Eu vi quão profunda foi a mudança que os anos fizeram nele; eu estava diante de uma outra pessoa que, agora, se mostrava acolhedora e que reagia honesta e carinhosamente. Uma pessoa que transmitia com evidente segurança os princípios da CNV, o que para ele era uma atitude natural, pois estava internalizada em seu corpo e alma.

Conversamos sobre essa transformação e perguntei a ele se a empatia poderia ser aprendida. Ele me deu sua resposta: "Vamos colocar dessa forma: eu nunca vi um caso perdido. Eu costumava ser diferente, tinha pouca empatia, você sabe disso. Para ser mais preciso, há doze anos que eu não sentia empatia. Então, conheci Marshall B. Rosenberg.[1] Então, sim, é possível aprender. Esta disposição pode ser construída em todo ser humano. As crianças pequenas a sentem, a empatia é natural para elas, é como se fosse um instinto. No entanto, ao longo da vida e à medida que vão crescendo, através da educação que recebem, muitas e muitas couraças vão sendo colocadas nesses seres inocentes, por proteção, crostas e armaduras são formadas. Eu mesmo, cada vez menos e menos tinha acesso à minha capacidade de empatia, principalmente porque tive experiências que me fizeram sofrer em situações em que estava vulnerável, me machuquei e levei isso para a vida; comecei a me proteger porque dentro de mim havia pequenos traumas, pois nem é preciso que sejam traumas mais sérios, como abuso ou algo do tipo, pode ser apenas por gritarem com você quando estava sendo franco, e isso já é o suficiente para acreditarmos que é perigoso ficar vulnerável. E por isso eu me fechei e endureci a alma. Como podemos nos despir dessas camadas? É preciso muita compaixão para curar os ferimentos sofridos, demora muito e é necessária uma nova tentativa. Eu diria que é preciso substituir o disco rígido. Fiz disso uma longa jornada, muitas vezes um caminho doloroso e precisei não só de muita autoempatia, mas

---

[1] Marshall Bertram Rosenberg, PhD, psicólogo americano, mediador, escritor e teatrólogo, criador do CNVC, Centro de Comunicação Não Violenta. (N. da T.)

também da empatia de outras pessoas, pois não conseguiria sozinho. A confiança desempenhou um papel imensamente importante, falar aberta e constantemente sobre os meus medos e angústias e, assim, viver outras experiências, sabendo que não há problema em sentir o que eu sinto e que a vulnerabilidade é permitida."

É possível aprender empatia? Sim! O exemplo de meu amigo mostrou que é. Empatia se aprende. A pesquisadora de neurologia Tania Singer[2] e sua equipe desenvolveram por um longo tempo estudos sobre os efeitos de treinamentos em empatia e compaixão. Está perfeitamente claro que podemos ativamente treinar essas habilidades, atentos, no entanto, às diferenças entre "empatia" e "compaixão" apontadas no estudo. Mais sobre esse tema pode ser lido no capítulo "Empatia nas pesquisas científicas".

Minha intenção com este livro é dar impulso à habilidade de ter empatia, literalmente a praticando, a fim de, lentamente, dissolver as armaduras e junto com vocês propagar a ideia de que é possível ser receptivo ao sofrimento do outro; descobrir que, em muitas situações, desencadeamos sentimentos nos outros e nem percebemos. Eu gostaria de estimular que tomássemos coragem e nos perguntássemos: onde está realmente o outro? Como ele está? Estimular que considerássemos que o outro pode sentir e viver diferente de nós. E isso não é nada fácil.

Vamos juntos começar a Revolução da Empatia!

---

[2] Prof. Dra. Tania Singer é psicóloga e neurocientista social e é conhecida internacionalmente por suas pesquisas sobre empatia e compaixão. (N. da T.)

- Claro está que, atualmente, existe carência de empatia;
- Empatia é uma capacidade que pode ser construída por nós;
- Há sempre uma versão empática;
- Quando crianças somos todos empáticos;
- A empatia se esconde debaixo de camadas de proteção;
- A empatia requer uma disposição interior para a ternura e para colocar-se em segundo plano;
- Empatia pode ser aprendida.

O mapa interno

As pessoas são diferentes. Teoricamente, isso é muito claro para nós. Entretanto, na vida cotidiana, é comum esquecermos que temos vivências e experiências diferentes uns dos outros e, por isso, agimos de formas variadas. Na vida privada, tanto quanto nas atividades profissionais do dia a dia, as pessoas se veem diante de microconflitos que, em última análise, sempre têm a ver com o fato de agirem, principalmente, de acordo com seus mapas internos, isto é, a partir de suas experiências e crenças individuais. Essa teoria de "mapa interno" teve origem no Construtivismo, no qual nossa visão de mundo é construída a partir do que aprendemos e do que consideramos como o certo, ou seja, a partir de nossas percepções individuais.

Essa representação interior é composta pelas experiências que coletamos com todos os nossos sentidos ao longo da vida. É como se fosse mesmo o mapa de uma paisagem, com suas montanhas e lagos, ilhas e florestas. No entanto, é importante saber que esse mapa interno representa apenas um único mundo — o meu. Não há outra experiência que possa ser inserida nele que não seja a minha própria e ninguém conhece tão bem esse mapa quanto eu, não obstante existam nele vales e colinas que até para mim são inalcançáveis.

Certa vez, um cliente meu comparou o "mapa interno" a um guarda-roupa da IKEA: muitas pessoas têm um, mas raramente são iguais, pois as pessoas escolhem diferentes funções para as partes que o compõem. Assim, o armário de um é sempre diferente do de outro, já que as escolhas são fundamentalmente diferentes para cada indivíduo.

O mapa interno pode mudar. Dependendo das situações pelas quais passamos, partes são reforçadas e outras são reconstruídas.

Ele constantemente coloca um filtro em nossas experiências: se uma mulher está prestes a ter um filho, ela enxerga mulheres grávidas por toda parte, ou, se quero comprar um carro novo, eu imediatamente noto meus modelos favoritos em cada esquina.

O mapa interno muda conforme as fases da vida, mas o que permanece por muito tempo as mesmas são as convicções fundamentais: nossa visão de mundo e da humanidade. Todo o nosso sistema de valores está no mapa interno, mas até mesmo esse sistema pode mudar ao longo do tempo. Assim como se transformam as paisagens na natureza, as personalidades também se modificam ao longo da vida. Mantendo a metáfora, com o tempo transformam-se montanhas e lagos, novas ilhas são formadas e outras submergem.

Uma dessas ilhas ou montanhas é a nossa capacidade de empatia. Ela existe em todos os mapas internos; para uns ela é maior, para outros é menor e, em alguns casos, está completamente aterrada ou sufocada pelo mato.

Quando conversamos sobre as coisas que achamos ruins ou angustiantes, engraçadas ou divertidas, concluímos que os mapas internos dos outros são muito diferentes dos nossos. Diz-se que cada um tem seu gosto. E isso é enriquecedor. Se meus amigos, meus parceiros, minha família sempre tivessem pontos de vista iguais aos meus, eu estaria fechada em meu próprio mapa e pensaria que ele é a medida de todas as coisas. É exatamente isso que fazemos em maior ou menor grau — dependendo do quanto estamos dispostos a nos questionar ou a permitir novas ideias.

Considero esse conceito de mapa interno muito enriquecedor porque, durante minha formação como coach de negócios, aprendi como manter o meu mapa distanciado e ir questionando o mapa dos outros para visualizar sua paisagem e explorá-la, em vez de comentar, dar conselhos ou julgar segundo meu próprio ponto de vista. Manter-me nesse vazio interno é praticamente o oposto do que eu tinha feito até então: como especialista em técnicas de comunicação e oratória, enriqueci o mapa dos outros com uma visão fundamentada na experiência do que fazer ou do que não fazer. A este respeito, a atividade do treinador difere fundamentalmente da do coach. O treinador pergunta o que está acontecendo no mapa do cliente, o coach planta novos prados e, na melhor das hipóteses, muda o comportamento da pessoa com quem está trabalhando, se assim desejar.

Podemos supor que, à primeira vista, as pessoas que não conhecem seu mapa podem achá-lo desconcertante. Assim, é através de alguns critérios que formamos nosso círculo de amizade: os mapas internos precisam e devem se encaixar, pois valores e crenças se cruzam nas amizades. No entanto, sempre há pequenas ilhas e lagos que ainda não reconhecemos nos outros e em nós mesmos. Só onde encontramos o desconhecido podemos realmente crescer e nos tornarmos seres mais empáticos. Muitas vezes temos dificuldades em nos envolver com o que é diferente, quanto maiores as diferenças, mais difícil é. Por isso, o aspecto de semelhança entre as pessoas é um dos requisitos básicos para a compreensão. Entretanto, isso é empatia para iniciantes, pois é relativamente fácil mostrar simpatia por alguém que se pareça conosco, e daí surge a questão de saber se se trata realmente de empatia ou simplesmente de simpatia.

> **Simpatia**: tem origem no grego e significava, inicialmente, "sofrer com". Na palavra encontra-se o radical *páthos*, que significa dor, sofrimento. Ao longo do tempo, essa acepção transformou-se em "sentir-se bem com", "ter afeição a"; reconhecermos no outro dor ou alegria que é semelhante a nós e nele nos refletirmos. Há uma identificação porque nos sentimos da mesma forma.

A semelhança é enfatizada nas redes sociais. Pelo Facebook, os algoritmos garantem que eu receba, mais e mais, somente o que é de meu interesse. Meu mapa virtual consiste em uma extensão de mim mesma, em um "eu estendido", e não em algo diferente, desconfortável ou desafiador. Dessa maneira, os mais diferentes grupos têm as mesmas experiências — cada pessoa posta e comenta no, e em torno do, seu próprio mundo, e, assim, os alinhamentos são fortalecidos e ganham vida própria. As pessoas reafirmam-se dessa forma e, finalmente, assumem que sua versão do mundo representa a opinião de todos.

Sempre que, por algum descuido, me encontro diante de um site de tendência populista, fico chocada com as ideias de mundo que nele são celebradas. O mapa interno dessas pessoas é absolutamente diferente do meu — o que eu faço sobre isso? Como chegar a essas pessoas com um necessário diálogo por mais compreensão e menos intransigência? On-line não funciona, não podemos remover os tantos comentários intolerantes que são direcionados e que não têm nada a ver com a interação humana.

Outro problema ligado a isso é que, em muitos contextos, a nossa própria imagem é construída e otimizada de modo a desvalorizar a do outro. Autoconhecimento, autorrealização, autoconsciência, autodescoberta: tudo isso é muito valioso e indispensável para a autoempatia, porém, seguindo sempre nessa direção em algum momento pode-se topar com uma ladeira, e isso é perigoso.

> Se eu só penso em mim mesmo e cuido somente de mim, sobra muito pouco espaço para os outros.

É como andar na corda bamba, pois até que ponto você é capaz de sair do seu mapa interno e ter sentimentos para com os outros?

Um passo para fora de si mesmo é de extrema importância. Mas onde está o meio-termo entre o eu e os outros? Até que ponto podemos chegar ao fazer com que nosso mapa interno tenha a devida importância, mas não seja o centro do universo? Como chegar ao estado de consideração para com os outros, de forma que nos interessem, afetem e toquem? Como podemos nos tornar mais receptivos e deixar de nos defender obstinadamente, assim como crianças protegem seus castelos de areia? Como alcançar uma coexistência mais pacífica a longo prazo que permita haver diferentes mapas e compreender que cada um tem a própria beleza?

- O mapa interno retrata suas vivências pessoais no mundo;
- É muito individual e pode ser explorado por meio de questionamentos;
- O "eu" encobre o mapa interno dos outros;
- Empatia significa aprender a conhecer o mapa interno do outro e se emocionar como se este fosse seu.

Uma viagem ao Sri Lanka

A respeito de mapas internos: deixem-se levar por um breve momento ao Sri Lanka. No sudoeste do país, flui o rio Madu Ganga. Nele, numa ensolarada tarde, banha-se um grupo de jovens monges budistas. Eles se divertem, saltitam e se alegram pelo sol e pela vida. Alguns são bons nadadores, outros nem tanto. Eles conversam, jogam água uns nos outros e se deliciam com a tranquilidade desse belo dia. Um dos que sabem nadar muito bem tem a ideia de andar pelo leito do rio. Dito e feito, ele mergulha e toca o fundo do rio com os dedos dos pés, mas, quando quer subir à tona, sua túnica agarra-se a uma planta e se solta de seu corpo. O jovem monge teme que tenha sido um animal que lhe puxou a túnica e sobe à superfície, mas, como não quer ser visto nu pelos outros, mergulha novamente à procura do traje nas águas turvas. Apodera-se dele, então, um pânico por não conseguir encontrar a túnica, ele engole água quando volta à superfície para finalmente pedir ajuda. Os outros monges pensam que ele está apenas brincando. Somente o monge *Kusala Thero* (chamado apenas de Thero), que é o melhor amigo do nadador, reconhece a emergência e nada até ele para salvá-lo.

Ele não é lá muito bom nadador, mas, apesar disso, procura ajudar o amigo, que em seu desmedido pânico se agarra a ele e o arrasta para o fundo do rio. Por sorte, como monge que é, ele aprendeu a arte da serenidade e sabe que a situação ali pode se transformar e ambos podem se afogar se ele perder a calma diante do pânico do colega. Felizmente, chega um outro monge e liberta Thero do abraço desesperado do amigo e todos finalmente sobem à superfície.

Enquanto me contava essa história, sorrindo, Thero me disse: "Eu fui muito empático, mas isso foi bastante errado! Eu não nadava muito bem e me esqueci de ter empatia comigo mesmo. *A empatia é inútil se não for usada com sabedoria.* Eu teria me afogado junto com meu amigo e isso não teria ajudado ninguém."

> A empatia não faz sentido se não usada com sabedoria.

Na minha busca pela essência da empatia, viajei ao Sri Lanka em janeiro de 2017. Eu havia feito um curso de meditação no ano anterior com um monge budista que não era outro senão Thero. Conversamos muito sobre empatia e ele me convidou a ir a seu país para conhecer seu templo, pois a empatia desempenha um importante papel no budismo. Mal cheguei e Thero me informou quão perigosa pode ser a empatia. Ele me disse: "Com a empatia é sempre assim. Nós precisamos ter sabedoria para decidir como a utilizamos, caso contrário ela é absolutamente sem sentido ou pode se tornar perigosa." A empatia pode não ter sentido ou ser perigosa?

"Eu vi com meus olhos alguém se afogando, eu senti empatia, qualquer pessoa sentiria, mas não escolhi o caminho certo. Eu poderia ter pedido aos outros para ajudar, porque eles continuavam achando que meu amigo estava brincando. Eu queria ajudar, mas ele se agarrou a mim e afundamos os dois. Ele gritava 'por favor, me salve', e eu não conseguia me mexer e afundamos juntos por mais duas vezes. Então, eu não lutei com ele, não entrei em pânico, controlei minhas emoções. Não estava com medo de morrer e mantive a calma e a respiração. Nesse momento usei a empatia comigo mesmo, pois entrar em pânico teria me matado. Finalmente fomos salvos por um colega. Tudo correu bem, eu só engoli água umas duas ou três vezes e nada mais sério aconteceu." Ele ria enquanto se lembrava.

A empatia possui também um lado sombrio

Parece que também há um lado sombrio da empatia. Fritz Breithaupt alerta-nos a respeito disso em seu livro publicado em 2017, *Die dunklen*

Seiten der Empathie [O lado sombrio da empatia]. Ele argumenta que a empatia deve ser vista de forma crítica, já que ela pode levar à autodestruição, assim como Thero havia falado. Nós nos colocamos em possíveis perigos, diz Breithaupt, pois a empatia pode até mesmo provocar conflitos, uma vez que, como seres humanos que somos, tendemos a tomar partido quando nos simpatizamos com um dos lados de uma situação. Outro exemplo é quando nos colocamos no lugar de salvadores, em vez de desenvolver a compaixão genuína, o que faz com que a pessoa que ajuda se sinta melhor consigo mesma, mas, na verdade, causa mais danos ao sofredor. Essa forma de empatia é voltada exclusivamente para si mesmo.

A possibilidade de se satisfazer sadicamente através da empatia não tem a ver somente com psicopatas, mas é também relevante na vida cotidiana, quando as pessoas são menosprezadas, difamadas ou humilhadas publicamente. Infelizmente, isso acontece com frequência, basta pensar em bullying e cyberbullying entre os jovens e nas situações em local de trabalho; na opressão de mulheres; nas condições de trabalho indignas. E, no entanto, por mais absurdo que possa parecer, há pessoas que gostam de ver os outros sofrerem.

A capacidade fundamental de usar a empatia com o próximo pode ser arriscada e até mal utilizada, seja conscientemente ou não, para prejudicar os outros ou para se autopromover e parecer ser melhor que os outros.

Thero também viu tais características em relação à empatia durante nossa conversa e se perguntou: "O que é importante de observar sobre a empatia no mundo ocidental é que o sentimento é frequentemente associado ao desejo de punir. Quando você assiste a um cervo ser pego por um tigre, você sente empatia pelo cervo, isso é natural, ao mesmo tempo, você sente raiva do tigre. Esses dois sentimentos estão conectados. Vegetarianos e veganos odeiam pessoas que matam animais. Elas não se compadecem apenas pelos animais, mas também julgam os outros. Como podemos lidar com isso?

"Aqui, é necessário mediar nossos sentimentos, não ir a extremos. O tigre também é um animal, qual a diferença, então, entre um tigre e um cervo? O cervo é apenas a parte mais fraca, mas não pensamos que o tigre também precisa comer para sobreviver. O errado é desejar machucar alguém, isso não é empatia. Portanto, nesse caso, significa que, ao mesmo tempo que sentimos compaixão por alguém, arranjamos um culpado pela lesão. Não deveria ser assim, a empatia deveria ser livre de sentimentos negativos em relação a humanos ou animais."

Não é realmente assim? Eu protejo meu filho de apanhar de outra criança, mas ao mesmo tempo xingo a outra criança em lugar de estar completamente com meu filho naquele momento. Ou eu assisto a um conflito entre colegas de trabalho e automaticamente tomo partido a favor de um, ao mesmo tempo que condeno o outro. Se faço uso da empatia para tomar partido, em vez de contribuir com alguma solução, acabo por promover ainda mais o conflito. Sentir os ferimentos do outro frequentemente vai na contramão de dirigir, a um outro, sentimentos contrários.

Eu perguntei a Thero como podemos ser empáticos quando as pessoas fazem algo que é absolutamente contra os nossos próprios valores. Sua resposta foi a de que não devemos desistir delas. "Nós não queremos nos afastar das pessoas, apenas ajudá-las a se livrar de suas falsas convicções, desejamos com sinceridade oferecer alternativas. Ter empatia não significa que você tenha que concordar. Mantenha-se centrado, nunca vá aos extremos, não odeie ninguém. Pessoas cometem erros, podemos discutir as coisas, oferecer soluções e lidar uns com os outros pacificamente."

Sentimentos intensos impulsionam a empatia

Conversamos animadamente, horas a fio, sobre empatia. O que ela é, o que ela deveria e o que não deveria ser. Acima de tudo, parece que

Se não consegue lidar com a empatia, está com problemas. ela dispara sentimentos intensos, o que frequentemente gera problemas, segundo Thero: "Muitas vezes as pessoas são afetadas diante de alguma situação, mas não sabem o que devem fazer com seus sentimentos, não sabem gerenciar o que sentem, não sabem como responder aos impulsos, então reagem sem pensar e ultrapassam os próprios limites, e, disso, podem advir sérios problemas. Se quer ajudar alguém, é necessário que primeiro se descubra de que maneira pode fazê-lo, já que somos humanos, temos sentimentos, sentimos empatia, quando como vemos uma pessoa se afogando, podendo morrer, e nos atiramos para salvá-la, sem pensar nas consequências. Isso é empatia."

Possuímos essa habilidade de pressentir quando alguém precisa de ajuda, se a pessoa está indo bem ou mal: nós ecoamos o sentimento dos outros. Até aí, tudo bem.

"O outro lado da empatia é que, ao desejar ajudar alguém, é preciso que primeiro estejamos em segurança, e isso não significa que devamos ser egoístas. Devemos ser, em primeiro lugar, nossos próprios protetores, pois ninguém nos irá proteger além de nós mesmos. É preciso ser suficientemente forte para ajudar alguém e, ao mesmo tempo, ao se dispor a ajudar, deve-se usar de sabedoria a fim de nem entrar em pânico nem ultrapassar os próprios limites.

"Devemos nos acostumar a tomar as decisões a partir de nossa sabedoria e não nos deixar levar pelas emoções. Emoções vêm e vão, não são estáveis, e, se nos deixarmos guiar por elas, dificilmente conseguiremos usar de sabedoria e nos tornarmos úteis.

"Por fim, se não soubermos lidar com a empatia, podemos nos colocar em sérias dificuldades. Portanto, se alguém afunda e você, mesmo não sabendo nadar, vai até ele, é certo que também vai morrer — todo esforço é em vão se o modo de agir não for o correto. Se, por exemplo, você chorar, eu não deveria simplesmente abraçá-lo e começar a chorar também, porque isso não leva a nada. Devo, sim, ouvi-lo e ajudar a superar a tristeza, caso contrário, vamos os dois sucumbir à dor."

A empatia significa que sei o que você está sentindo, mas também que preciso ter discernimento suficiente para decidir qual a melhor ação a tomar.

- A empatia também possui um lado negativo;
- Emoções fortes podem ser um obstáculo em uma emergência;
- A empatia requer usar nosso conhecimento e nossa experiência;
- Empatia não significa tomar partido de alguém e condenar a outa parte;
- A verdadeira empatia deseja iluminar, não manipular ou desfrutar do infortúnio dos outros;
- A empatia requer usar de sabedoria.

O que é empatia?

Então, do que estamos exatamente tratando ao nos referirmos à empatia? O termo tem sido motivo de grande controvérsia ao longo do tempo. Inicialmente, a palavra de origem grega, *empatheia*, teve seu significado, *paixão*, apropriado pela filosofia para referir-se à interpretação das artes plásticas, da música e da natureza.

Theodor Lipps (1851-1914), filósofo e psicólogo alemão, foi um dos primeiros a usar o termo. A ele seguiram-se várias acepções, incluindo-se a de Freud, o fundador da psicanálise, que definiu o termo empatia como a faculdade de reconhecer aquilo que é estranho ao eu. Nas últimas décadas, a psicoterapia, a psicologia social, estudos sobre a espiritualidade e diversas vertentes das metodologias de comunicação têm se concentrado na definição de empatia.

Não quero incomodá-lo com a história do desenvolvimento dos conceitos de empatia e de suas várias definições. Vamos nos aproximar ao que mais nos interessa desses conceitos. A *Wikipédia*, talvez a mais popular das enciclopédias de nosso tempo, oferece como definição:

> "A empatia descreve a capacidade e a vontade de *reconhecer* e *compreender* os sentimentos, pensamentos, emoções, motivos, traços de personalidade de outra pessoa. A empatia inclui, também, a capacidade de *responder adequadamente* aos sentimentos de outras pessoas com tristeza, angústia, ajuda e compaixão. No entanto, pesquisas recentes sobre o cérebro sugerem que a capacidade empática pode ser claramente distinguida da compaixão. A empatia é baseada na autopercepção — quanto mais perceptiva uma pessoa é às próprias emoções, melhor ela pode interpretar os sentimentos dos outros." (Fonte: https://de.wikipedia.org/wiki/Empathie; ênfase da autora)

Três estágios da empatia

A empatia compreende três estágios, sem que haja uma separação entre eles. Em uma instância inicial, constitui *reconhecer* os pensamentos e sentimentos dos outros e os *compreender*. Esses são os dois primeiros passos. Podemos sentir, ouvir, perceber um estado, uma expressão, um sentimento de uma pessoa, então, a isso, segue uma compreensão ou uma tentativa de os caracterizar. Chegar até aí já não é um caminho fácil, e depois temos que estar suficientemente atentos para entender os sinais que são por muitas vezes sutis. Então, assim que nos apercebemos disso, o que fazer?

Os próximos passos descrevem as ações: que ações tomar em relação a uma pessoa a partir das impressões que colhemos?

— Fazemos alguma coisa para ajudar? Serão ações egoístas, autocentradas, que me farão sentir bem comigo mesma, ou serão realmente ações altruísticas? Ou uma coisa está intrinsecamente ligada à outra, pois sempre nos sentimos melhor quando ajudamos alguém?

— Ou simplesmente não fazemos nada? Não fazer nada pode ser também uma forma de ajuda; ser apenas um observador solidário?

— Vamos reunir todas as informações que colhemos para manipular e causar algum mal?

Depois de ter dado os dois primeiros passos, temos essas três possibilidades; identificamos e reconhecemos o que está acontecendo com o outro e agora devemos decidir com sabedoria o que fazer. Para isso, precisamos estar plenamente disponíveis para o outro e usar nossas consciência e experiência. Aliás, nesse contexto é necessário discernir entre ação pró-social e ação antissocial, pois, em lugar de agirmos baseados na convicção de ajudar alguém pelo seu bem-estar (pró--social), às vezes agimos apenas em interesse próprio (antissocial). O que é interessante na definição da Wikipédia é que apenas uma resposta *apropriada* aos sentimentos dos outros deve ser considerada uma expressão de empatia. Mas o que é apropriado e quem define isso? Como medimos nossa reação? Pela narrativa do monge Thero, podemos considerar que nossas reações (ações) podem se basear em diferentes parâmetros:

1. Em nossas próprias habilidades. Se não sabemos nadar, é totalmente sem sentido nos lançarmos na água para salvar alguém que se afoga. Precisamos usar nosso discernimento antes de nos impelirmos a ajudar.
2. No ambiente em que estamos. Quais recursos estão à nossa disposição? Se somos limitados em nossas possibilidades de ajudar, quem ou o que, então, poderia? Quais meios estão à nossa disposição?
3. Em nosso sistema de valores. Um exemplo: talvez possamos simpatizar com o fato de que uma pessoa se emocione por algo que lhe é importante, mas se tal fato não corresponde aos nossos valores não nos sentimos compelidos a ajudar, pois não apoiaremos algo em que não acreditamos.
4. Em alternativas. A empatia significa sempre ter que ajudar o outro do jeito que ele quer? É concebível que a empatia também possa ser expressa, através de conversas, de forma que ajude a pessoa a encontrar um novo ponto de vista para suas questões? Podemos fazer isso? Ou, até mesmo nada fazer porque, talvez, o melhor seja não intervir?

Qual a abrangência da empatia?

Há outra questão que gostaria de colocar sobre a empatia: trata-se sempre, e somente, de ser empático apenas ao sofrimento dos outros? Ela só se expressa quando há pessoas em situação pior do que a minha, ou posso também demonstrar empatia ao me sentir feliz pelo sucesso e alegria alheios, compartilhando também da felicidade dos outros e dessa forma participando?

Se olharmos de perto, temos que admitir que muitas vezes nos falta a capacidade de realmente compartilhar da felicidade e alegria dos outros, pois é fato que muitas vezes reagimos com inveja, ciúme ou ressentimento pelo regozijo alheio. O regozijo sincero requer ser reconhecido, compreendido e posto em prática, ser um sentimento verdadeiro. Portanto, a empatia diz respeito a todos os sentimentos, sejam de alegria ou de sofrimento.

Ao refletir sobre empatia, surge outra questão: a questão da linha do tempo. Se vemos, ouvimos ou sentimos o sofrimento ou a alegria de outra pessoa, quase imediatamente a empatia surge. Mas e as situações com as quais nos simpatizamos antecipadamente? Por exemplo, quando consideramos se devemos ou não envolver nosso colega em uma determinada situação, sabendo que ele já tem encargos suficientes e poderíamos poupá-lo? Ou o que acontece com as situações em que fomos impulsivos e que resultaram em algo que não nos agrada e gostaríamos de mudar nossa ação? Atitudes sobre as quais refletimos depois? Por exemplo, quando falamos francamente com um amigo e depois consideramos que fomos muito duros com ele. Podemos sempre chamá-lo novamente e esclarecer o assunto, escolher outras palavras.

No meu entender, portanto, a empatia não está vinculada a um determinado espaço de tempo. Ela pode aparecer em retrospectiva ou em antecipação — e podemos usar nossas consciências a respeito em qualquer momento.

Ainda uma terceira questão: a empatia está relacionada a um indivíduo, a um grupo de pessoas ou a toda a sociedade? Na minha opinião, a ação empática se inicia no contato entre indivíduos, entre os vizinhos, na família, com os colegas de trabalho, com a balconista do supermercado. Toma-se, então, uma atitude interna em relação às pessoas, e, com o aumento dessa prática, ela se estende aos demais grupos. Ela molda a forma com que lidamos com o mundo. A prática cotidiana, no entanto, começa de pessoa para pessoa. Antes de tentar uma definição, vamos pensar novamente sobre o que a empatia definitivamente *não* é:

1. Empatia não é um estado permanente, mas uma atitude fundamental em relação aos outros;
2. Empatia não é o mesmo que a síndrome do bonzinho;
3. Empatia não significa não se importar consigo mesmo;
4. Empatia não significa não tomar suas próprias decisões;
5. Empatia não significa deixar tudo como está para não incomodar ninguém;
6. Empatia não significa jamais discutir;
7. Empatia não significa sempre sentir pena dos outros;
8. Empatia não é ser clarividente para saber o que o outro quer ou sente;
9. Empatia não significa sempre sorrir alegremente;
10. Empatia não é um luxo que nos permitimos sentir só quando estamos bem;
11. Empatia nunca é condicional;
12. Empatia nunca está atrelada a expectativas.

Formas de empatia

Zona livre de empatia

Podemos encontrar em nosso cotidiano diferentes formas de manifestação da empatia ou até mesmo sua completa inexistência; também é possível que ela aconteça de forma mais ou menos intensa. Vamos começar por onde se procura por ela em vão, pois há sempre situações nas quais encontramos pessoas incapazes de senti-la, e que nem tentam.

Uma boa amiga, lá pelos seus 45 anos de idade, quis comprar um cobertor, foi a uma loja de roupas de cama e a vendedora a advertiu de que era melhor que ela comprasse um bem leve, já que estava na idade da menopausa. Ui!

Um amigo mandou gravar em sua moto o ano de seu nascimento, 1972. Ao parar sua moto em um cruzamento, chega outro motociclista e comenta que sua aparência realmente não disfarça a idade. Ui!

Esses são exemplos de pequenos incidentes que demonstram a total falta de empatia e que podem ser encontrados todos os dias e em todos os lugares. Podemos ver o quanto esses comentários são irritantes e ofensivos, não? Ainda pagar e ter que ouvir esse tipo de babosseira! Claro que minha amiga acabou não comprando o cobertor naquela loja e, naturalmente, o motociclista perdeu a chance de ter uma conversa amigável. Talvez a questão não seja vender algo ou iniciar um bom diálogo, mas sim provocar ou extravasar o mau humor em alguém.

Sejamos honestos: pode ser terrivelmente enervante dialogar com alguém que obviamente não parece se importar com como as outras pessoas possam reagir a suas ações ou atitudes. Pode tratar-se de um pai que parece indiferente aos sentimentos do filho e a seu bem-estar e se afasta dessas expressões de emoção; pode tratar-se de um cônjuge que, diante de uma separação, não se interessa pelos esforços do parceiro que busca uma solução e simplesmente mantém-se em silêncio e nada faz. Ou uma empresária que está tão obcecada por atingir seus objetivos, que nem se dá conta do quão sem rumo estão os seus funcionários. Chamo casos como esses de "zona livre de empatia".

Estou ciente de que essa expressão pode se provar errada. Muitas vezes, não sabemos os motivos pelos quais as pessoas aparentemente não demonstram empatia, por isso não conseguimos compreender suas atitudes. Pode ser, por exemplo, porque não se sintam realmente confortáveis em se colocarem no lugar do outro. Há pessoas para as quais isso é difícil. São pessoas que não conhecem seus próprios mapas internos ou que se atemorizam pelos sentimentos dos outros ou até mesmo pelos próprios. Talvez seja porque nos enganamos ao julgarmos injustamente, ou porque não consigamos alcançar o mapa interno do outro, já que não é possível mergulhar nas experiências de outro ser humano.

Pode ser, então, que o pai, aparentemente sem amor, esteja ciente de que o filho ou a filha tem problemas com o novo companheiro, mas simplesmente não consegue falar sobre isso. Em lugar disso, ele expressa uma despreocupada reação, na esperança de que aquela situação termine logo. No fundo, se trata, talvez, de um sentimento de impotência ou mesmo do medo de perder alguém. O cônjuge que permanece em silêncio talvez se sinta sobrecarregado emocionalmente com o divórcio, de modo que não reage às demandas do parceiro. A executiva, por sua vez, talvez, esteja recebendo tanta pressão da diretoria da empresa que não consegue prestar atenção a todos.

O que acabamos por fazer, em relação a essas pessoas que, a princípio, julgamos não sentirem empatia? É muito comum que julguemos os outros em primeira instância, usando apenas nossa imaginação, pois não conhecemos os motivos por trás de suas reações. No entanto, ao nos dispormos a usar de empatia nessas situações e nos permitirmos compreender que essas pessoas possam ter motivos não aparentes, mudamos nossa concepção sobre o comportamento delas.

Antes de julgarmos que pessoas pertençam à já mencionada "zona livre de empatia", vamos nós mesmos usar de empatia, questionando-nos antes sobre os motivos que poderiam ter para agirem de tal maneira. Podemos escolher lançar luz a essas questões ao ter um olhar empático sobre elas ou ao andarmos pela escuridão dos julgamentos impulsivos. É possível que encontremos pessoas que se julguem melhores do que os demais, pessoas que sempre acham que entendem de tudo e não aceitam a opinião ou os sentimentos dos outros. No entanto, pode ser que haja muitas razões para que elas assim se comportem e sobre as quais falaremos na segunda parte deste livro.

Empatia inconsciente

Muitas pessoas são naturalmente empáticas, embora não se deem conta disso. Durante muito tempo eu não percebi que agir com empatia era tão intrínseco em minhas atitudes. Em algum momento, alguém se dirigiu a mim e disse: "Mas como você é empática!" *Ah, é sério isso?*, pensei. Eu me via dessa forma? A empatia não é uma coisa que nos é atribuída pelos outros? E, se sim, por que nos parece tão estranho pensar isso sobre nós mesmos? Parece autoelogio, e autoelogio é feio, dizem.

Temos tantos pontos cegos na autoconsciência que, de repente, se alguém nos diz que somos empáticos, isso nos soa maravilhoso. Mas o que significa exatamente? Porque o termo é muitas vezes equiparado a simpático, amigável, caloroso e a mais outras tantas definições. A empatia tem essas características, mas é muito mais do que isso.

Certa vez, uma das participantes de um seminário que ministrei para mulheres publicou sua opinião sobre o curso no Facebook e postou que eu era muito empática. Ao ler, experimentei aquela sensação de que as imagens que os outros tinham não combinava com minha autoimagem, especialmente naquele seminário, com o qual eu não estava satisfeita sob alguns aspectos.

A empatia inconsciente se processa dessa forma, é algo em nós tão internalizado que agimos de acordo e sem perceber.

Eu acho que muitas pessoas mostram um comportamento empático porque é absolutamente natural para elas serem assim; fazem o bem e não estão conscientes disso. Por exemplo, dar o lugar para alguém na fila do caixa do supermercado, já que a pessoa está com apenas um item nas mãos e porque sabe da impaciência que nos acomete nas filas; ou ajudar a uma velhinha a atravessar a rua ou a descer do ônibus, pois conhece as limitações que ela tem. Altruisticamente, oferecem seu lugar no ônibus para aqueles que necessitam. São os pequenos e belos atos de empatia, porque essas pessoas sabem como algumas coisas são difíceis para outros e procuram poupá-los.

Sobre essas situações devemos nos alegrar e festejar, pois são pequenas joias na turbulência do cotidiano, já que, atualmente, a realidade é estar agarrado a um smartphone, deixando passar as oportunidades de agirmos com "microempatia".

Costumo experimentar ambas as variantes: por um lado, uma grande empatia na cordialidade que encontro no dia a dia, principalmente entre os jovens. Por outro, um embotamento igualmente significativo e uma ausência mental e emocional entre pessoas — e não me excluo disso, pois está cada vez mais difícil reagir com empatia frente a situações que nos deixam desanimados e tristes. Em nosso tempo, essas polarizações são vivenciadas todos os dias e por várias vezes elas nos jogam emocionalmente de uma para outra. Qual a direção que vamos escolher?

Empatia adquirida

O que acontece muitas vezes é que, ao longo do tempo, vamos adquirindo um comportamento mais empático, sem nos dar conta disso. Quando vamos conhecendo devagarinho uma outra pessoa, quando procuramos entender como ela funciona, pensa e age, demonstrando nossa compreensão e empatia, enquanto outros teriam há muito perdido a paciência, consequentemente, no decorrer desse processo, vamos nos tornando mais empáticos. O lidar harmonicamente uns com os outros é então moldado por uma empatia adquirida.

Quando nos envolvemos e fazemos amizades, certos padrões que identificamos nos outros podem inicialmente nos parecer estranhos, incompreensíveis. Na medida em que nos dispomos a ser mais receptivos e a nos envolver com as pessoas, vamos nos abrindo a novas ideias e questionando nossos valores. Se nossos valores, ou apenas nossos hábitos comportamentais, estiverem muito distantes dos da outra pessoa, provavelmente não conseguiremos manter uma amizade, e esse é um processo natural.

Eventualmente, quando diferentes personalidades surgem em nossa vida e há comportamentos que a nós parecem estranhos, mesmo assim aprendemos a lidar com essas pessoas, apesar de não se formarem relações de maior intimidade.

Nessas conexões, sejam de amizade, sejam de relacionamentos mais íntimos, podemos sempre fechar os olhos para algum deslize que o outro cometa, já que conhecemos com quem lidamos e sabemos que aquele mal-estar vai passar, porque já tivemos essa experiência. Eu sei, por exemplo, que determinados comportamentos de homens machistas deixam uma das minhas amigas muito irritada. Imediatamente, ela se exalta e quer sair do lugar em que está. Já que estou familiarizada com esse comportamento, basta um olhar entre nós para reconhecer o que está acontecendo com ela. Então, eu posso distraí-la com uma palavra, de alguma forma livrá-la daquela situação ou fazê-la rir. Algumas vezes basta apenas um olhar. Todos os que estão a nossa volta podem não entender, mas nós duas sabemos o que está acontecendo. Isso é possível apenas porque conheço esse lado inflexível da minha amiga e sei lidar com isso.

Por outro lado, ela conhece meu defeito em sempre querer analisar o comportamento das pessoas quando percebo que algo as está estressando, então ela imediatamente reconhece minha intenção, confia e aceita ser apaziguada. Disso concluímos que, quando conhecemos as dificuldades dos outros e os tratamos de forma amorosa, demonstramos empatia. Isso acontece entre os membros das famílias, já que eles se conhecem intimamente porque convivem desde sempre. Conhecemos as personalidades uns dos outros, da irmã, da mãe, dos tios, enfim.

A condenação anda mais rápido do que a empatia.

O fato é: quando estamos diante das peculiaridades das personalidades humanas que podemos não entender de imediato e reagimos com um olhar depreciativo, estamos julgando, e, definitivamente, isso não é empatia, mas, a priori, uma condenação. No entanto, se nos lembrarmos que essas facetas são a expressão de uma necessidade do outro que não compreendemos, mas que podemos aceitar amorosamente, então trata-se de uma abordagem empática. Com isso aprendemos a aceitar a individualidade dos outros.

Essa é uma boa escolha a ser feita, não só para a convivência entre amigos e familiares, mas também para com os colegas no trabalho. Quando questionamos o porquê de um colega ter reagido desta ou daquela maneira, em lugar de julgarmos de imediato seu comportamento, estamos agindo com empatia. Se antes tentarmos entender suas necessidades, estamos agindo com empatia. Assim, na próxima vez que um colega se alterar e mostrar-se rude ou de mau humor, saberemos que esse comportamento é passageiro, poderemos nos colocar no lugar dele e compreender que ali há uma necessidade que não foi atendida. Muitas pessoas ainda não se dão tempo para agir assim.

A empatia consciente

Agir conscientemente com empatia é uma escolha, uma decisão de pelo menos tentar perceber o que se passa na cabeça e no coração dos outros. Pode até ser que não funcione, mas o importante é que o desejo de agir assim governe nossas intenções. Estar diante dessa escolha pode nos acontecer todos os dias. Eu sempre posso escolher me manter impassível diante das situações porque meus sentimentos me levam a conclusões impulsivas e eu talvez não tenha uma visão geral do fato. Naturalmente não há nada de errado em confiar nas próprias impressões, mas devemos nos perguntar se não estamos agindo precipitadamente ou até mesmo, e não menos importante, com medo.

Thero, o monge do Sri Lanka, disse-me para não confiar nos meus próprios sentimentos, porque esses vêm e vão e, assim, podem não ser os mesmos da outra pessoa. Se conseguir me conscientizar disso, então posso dar o próximo passo e conscientemente escolher ouvir o coração do outro. E, se tomo essa decisão com bastante frequência, a empatia se processará como uma forte predisposição interior. Mesmo assim, isso não garante que sempre consigamos ser empáticos, mas podemos treinar nossa disposição em perceber que o que sentimos pode não ter sempre relação com a realidade, pois nossos sentimentos podem se basear em experiências anteriores, diferentes da que estamos vivenciando no momento. Se chegamos à conclusão de que estamos projetando algo do passado no agora, devemos examinar com cuidado esses sentimentos, porque quanto mais conhecermos e estivermos familiarizados com o que sentimos, mais desenvolveremos a compaixão para conosco, resultando em estarmos mais preparados para compreender e lidar com empatia com os demais. Assim, a capacidade de sermos empáticos pode se ampliar, se conhecemos nossos próprios sentimentos e nossa maneira de reagir.

Empatia em excesso

Há pessoas que se anulam em função de outros, mas isso nada tem a ver com empatia. Se as preocupações dos outros nos consumirem e não estivermos atentos à nossa própria vida, se perdermos o foco, ficaremos presos em redemoinhos emocionais e a vida não seguirá como deveria. Essa forma de entender a empatia é prejudicial e precisamos tomar cuidado, pois nossa primeira responsabilidade é estarmos bem conosco para, então, ser possível ajudar alguém. Se ficarmos a noite inteira acordados porque um de nossos familiares adoeceu e nos preocupamos, não ajudaremos a ninguém e, no dia seguinte, estaremos exaustos. Se não podemos mais nos concentrar em nosso trabalho porque não conseguimos tirar da cabeça as pessoas em situação de rua, também assim não estamos ajudando a ninguém. Se choramos na frente da TV porque há pessoas famintas e isso nos toca demasiado, da mesma forma não ajuda ninguém, mesmo que doemos todas as nossas economias e fiquemos pobres como resultado.

> Preocupar-se com o mundo não ajuda a Deus nem ao mundo.

A empatia exagerada faz com que nos distanciemos completamente do eu e percamos o controle das nossas vidas, porque nossas almas absorvem o sofrimento dos outros, resultando numa exaustão emocional e num afastamento de qualquer coisa que possa nos afetar. Fechamo-nos emocionalmente de forma a nos defender e a preservar nossa integridade emocional. Vista de fora, uma pessoa nesse estado de resignação pode nos parecer fria e inacessível, mas na realidade isso é resultado de seu desequilíbrio emocional, pois não consegue mais processar suas emoções e se ausenta completamente de si e dos outros. Esse estado de alienação é difícil de suportar porque não se está em contato com a própria alma. Retirar-se da vida para não sofrer a dor do mundo é um mecanismo de proteção que impede os seres humanos de sucumbirem. É aí, então, que se instala a dureza nas comunicações, as pessoas se tornam cínicas e se fecham e se comunicam apenas de forma superficial, embora sejam pessoas excessivamente emotivas. Porém, como se encontram deprimidas e tristes, se afastam da vida e sofrem muito. A exaustão não só leva ao sofrimento, mas também ao completo desamparo.

O que Thero teria a dizer sobre isso? Pois ele diria que a empatia consigo mesmo é o mais importante a fazer para emergir desse redemoinho de emoções. Ouvir-se, proteger-se, perceber-se, conhecer seus limites, esse provavelmente seria o seu conselho. Ele nos aconselharia a usar de nossa capacidade de empatia com sabedoria para garantir que estejamos bem, pois só assim poderemos olhar pelo outro.

Empatia: saltando de lá para cá

Ao olhar para todas essas diferentes manifestações de empatia, podemos perceber que estamos sempre saltando de uma a outra com a intenção de fazermos o melhor possível; no entanto, se alguém afirma que age o tempo todo com empatia, isso nos assusta. Se houvesse tal possibilidade, estaríamos carregando uma auréola.

O que aconteceria se tomássemos partido, saltando de um ponto extremo a outro, como atualmente acontece, por exemplo, na feroz discussão entre as pessoas engajadas com a "cultura de asilo a refugiados"[3] e os que são contra? Os simpatizantes à causa se sacrificam e trabalham altruisticamente em prol dos necessitados. No outro extremo, há pessoas que não estão de acordo com essa política, criticam essas atitudes altruístas, agridem seus simpatizantes e desejam

---

[3] Cultura de acolhida a refugiados (*Willkommenskultur*) é uma palavra criada na Alemanha para designar um conceito positivo de políticas, empresas, instituições educacionais, grupos esportivos, civis e instituições em relação aos estrangeiros, especialmente em relação aos imigrantes. Foi eleita como a "palavra do ano" na Áustria. (N. da T.)

se afastar de tudo o que seja estrangeiro. Há um grande desentendimento entre os representantes dos dois lados, porque um se dedica com todas as forças ao que o outro considera como perigo. Isso gera discórdia. Um possível ponto de equilíbrio entre essas vertentes poderia acontecer, por exemplo, se os simpatizantes olhassem de forma crítica a implantação dessa cultura de acolhimento no cotidiano das pessoas e com isso fortalecessem o processo de entendimento entre os representantes dos dois extremos.

Se apenas classificamos as pessoas como boas ou más, se dizemos que ações e opiniões são apenas certas ou erradas, então teremos grandes desentendimentos.

Então é exatamente isso o que conseguimos atualmente, e a única maneira de ir contra isso é usar nossa consciência e sabedoria *para* escolher agir com empatia em nosso dia a dia.

Quando eu perguntei a Thero, na varanda de sua casa de madeira no Sri Lanka, sobre empatia e como ela poderia ser definida, ele me disse que a empatia é vista no budismo como a marcha de câmbio de um veículo na posição neutra, pois, semelhante a isso, a empatia é a configuração básica para todas as ações posteriores. Faz parte do ser humano, é inerente a ele, pois não podemos deixar de sentir quando alguém está mal ou quando está feliz. O passo seguinte a essa primeira impressão é, então, engrenar a marcha certa, ou seja, agir e lidar conscientemente com empatia.

Reconhecendo necessidades: empatia e comunicação não violenta

Comunicação Não Violenta, de Marshall B. Rosenberg, é um livro que trata de como lidar com empatia de forma consciente e de se conectar com as necessidades de outra pessoa. Particularmente, acho esse nome um pouco estranho, muitas vezes é causa de riso entre os participantes de um seminário, mas essa abordagem é realmente fascinante quando posta em prática. Quando buscamos usar de empatia, não podemos dispensar essa abordagem sobre a comunicação entre pessoas.

A CNV é muito mais do que um método, é, antes, uma atitude em relação às pessoas, à percepção das necessidades delas, de como as aceitar e, por último, mas não menos importante, de como nos aceitar.

De acordo com a CNV, os sentimentos decorrem das nossas necessidades. Se nossas necessidades permanecem insatisfeitas, temos sentimentos desagradáveis; se, ao contrário, forem satisfeitas, então aumentam os sentimentos de segurança e proteção. Todas as pessoas têm em comum essas necessidades.

A Comunicação Não Violenta permite expressar os sentimentos que se originam das nossas necessidades, e se assim agirmos, isto é, se falarmos o que sentimos, veremos que é possível uma coexistência pacífica, já que não só somos compreendidos e aceitos, mas também podemos compreender, respeitar e, portanto, aceitar os sentimentos dos outros, suas opiniões e necessidades, sem culpas ou condenações nesse processo. Em resumo, nos nós conectamos através dessas necessidades, respeitando e protegendo também os outros.

Cada um é, a priori, responsável por expressar seus desejos e necessidades através dessa metodologia. É possível que uma outra pessoa, inicialmente com um posicionamento antagônico, reaja positivamente e queira, por vontade própria, atender às exigências do outro, desde que estas não colidam com as dela. Isso pode ser bastante complicado e, de fato, requer muita prática.

Existem inúmeros especialistas em CNV com os quais as pessoas podem treinar essa dinâmica, e, como eu considero esse trabalho fantástico, entrei em contato com Jürgen e mais um especialista em Hamburgo e as conversas que tivemos me ajudaram a aprofundar o conhecimento sobre essa forma de entrar em contato com os sentimentos para compreender as reais demandas internas.

Jürgen Engel descreve a empatia da seguinte forma: "Há uma vibração, entramos numa espécie de estado empático, como se fosse uma outra dimensão, uma dimensão em que um contato mais profundo entre pessoas é possível. Esse estado está longe de ser uma troca intelectual. Para mim, empatia significa: Eu me interesso profundamente por você, quero olhar para você. Quem é você? O que está acontecendo com você?"

Matthias Albers, especialista em CNV e psicoterapeuta, define a empatia: "Empatia é, para mim, a arte de reunir quatro predisposições: sintonia, espelhamento, ser visto, ser ouvido. Eu sinto o que você sente e sinto como você sente o que eu sinto, porque eu sinto com você.

> Eu sinto o que você sente e sinto como você sente o que eu sinto, porque eu sinto com você.

Para mim, empatia é um dos aspectos da compaixão, por assim dizer, sentimento em ação. Ela acontece quando existe um *eu* e um outro. A compaixão é uma qualidade do coração, é superior à empatia: é o coração que sente.

Para a empatia é necessário um eu e um outro, eu gosto de usar a expressão 'bem-vindo à realidade do outro'. Quando estou em contato com alguém, estou também unido à realidade dele. Se eu perguntar a um outro 'Você está se sentindo assim porque precisa de algo?' e ele me responder prontamente que sim, então estou interagindo com ele, estou convidado a participar da realidade dele. Surge daí, então, uma verdadeira conexão entre nós e precisamos da linguagem para expressar o que nos está acontecendo."

- Empatia é um processo no desenvolvimento da personalidade;
- Às vezes a empatia funciona e, às vezes, não;
- Agir com empatia nem sempre é fácil;
- A empatia sempre exige uma escolha consciente;
- Empatia é levar a sério as necessidades dos outros sem julgamentos;
- A empatia é o verdadeiro contato entre o eu e o outro;
- Empatia requer um interesse verdadeiro da realidade de um outro.

Empatia nas pesquisas científicas

Lidar com empatia de forma consciente exige que tenhamos determinadas atitudes e que sejamos proativos. Isso pode ser treinado e suas consequências são, até mesmo, detectadas no cérebro. As pesquisas sobre o comportamento do cérebro, em relação ao fenômeno da empatia, remontam há alguns anos e resultados surpreendentes foram comprovados. No que diz respeito às reações cerebrais, existem diferentes atitudes internas relacionadas à manifestação de empatia. As pesquisas da equipe liderada pela diretora Tania Singer, do *Max--Planck-Institut für Kognitions-und Neurowissenschaft* (Instituto Max Planck de Cognição Humana e Neurociência), em Leipzig, comprovam, entre outras coisas, a diferença entre empatia e compaixão. A partir dessas pesquisas, pode-se fundamentar que nós humanos somos dotados da capacidade de entrar em ressonância com os estados de espírito de nossos semelhantes; isso é inato, e a melhor notícia é que não podemos evitar.

As comprovações feitas a partir das pesquisas com a colaboração do monge budista Matthieu Ricard foram importantes para Tania e sua equipe, pois ele os surpreendeu ao alternar seus estados de consciência, em meditação, entre os sentimentos de empatia e os de compaixão. (Ele descreve esses estados em seu livro *Allumfassende nächstenliebe: Altruismus, die Antwort auf die Herausforderungen unserer Zeit* [Amor incondicional ao próximo: altruísmo, a resposta aos desafios de nosso tempo]). Essa mudança consciente durante a meditação deu origem à ideia de desenvolver um treinamento que consiste em fortalecer o sentimento de compaixão.

Empatia

As pesquisas sobre as consequências do sentimento de empatia nas redes cerebrais demonstraram que podemos sentir dor, desconforto e estresse quando nos envolvemos com os sentimentos das pessoas. Nisso estão envolvidos o córtex insular anterior e a região caudomedial do cortéx cingulado. Essas áreas são ativadas também por experiências afetivas negativas, como a dor. As pessoas, ao verem a dor de outras, também sofrem com elas. Esses sentimentos, se constantes, esgotam as pessoas que, por proteção, vão se tornando menos sensíveis com o tempo, o que de maneira alguma desejamos que aconteça.

Nas pesquisas, esses sentimentos de mal-estar são denominados de angústia empática: sabemos que os sentimentos são de outra pessoa, mas os sentimos na mesma intensidade e isso nos leva ao estresse emocional, a nos sobrecarregar emocionalmente. É o que acontece geralmente com os profissionais da área médica. Médicos, equipe de enfermagem e auxiliares estão constantemente expostos ao sofrimento e à dor dos outros, de modo que, muitas vezes, entram em um estado de exaustão emocional que pode resultar em impossibilidade laboral, pois ameaçam o esgotamento se levam para casa as dores alheias e não conseguem se desprender delas. Se não aprendemos a lidar com esse estado interno, a longo prazo poderá nos afetar a saúde.

Mesmo nas situações menos importantes conhecemos esse estresse, pois, quando nossos companheiros ou filhos nos transmitem suas dores, maus humores ou sofrimento, sofremos junto com eles, mesmo que reconheçamos que não são nossas próprias dores. Ou, ao contrário, quando um filho está doente e o vemos piorar, isso nos sobrecarrega de tal maneira que reagimos com impaciência. Muitas jovens mães têm esse tipo de comportamento porque não sabem o que devem fazer quando seus filhos estão com forte gripe e tosse. Presenciar o sofrimento dos filhos causa tanta dor e estresse porque, talvez, as mães desejem aliviar o sofrimento dos filhos, mas não saibam como.

Uma pessoa sobrecarregada emocionalmente que reage a uma situação de forma rude não tem necessariamente falta de empatia, ao contrário, está de fato realizando um processo de transferência. Provavelmente é uma luta interna contra o desamparo, o desejo de ajudar e o medo de fazê-lo. Essa luta interior nos torna limitados e incapazes de agir. Essa dificuldade fica à flor da pele, então essa pessoa reage com fortes emoções, como defesa, repulsão, negação ou condenação — todas essas reações podem ser consequência de estresse empático. Muitas vezes é incompreensível para nós quando alguém reage duramente ao sofrimento dos outros. Da próxima vez que isso acontecer com você, (ninguém é perfeito!) ou quando vir alguém agindo de forma rude diante da dor ou do luto, suspeite do que está acontecendo dentro dessa pessoa. O que fazer? Agir com empatia.

Compaixão

Com a compaixão, ao contrário, a atitude interna é bem diferente, ou seja, a da doação amorosa. Quando damos assistência amorosa a alguém, são ativadas áreas do cérebro que correspondem aos sentimentos de felicidade e amor maternos. Nesse caso, nos colocamos em uma atitude de amorosidade frente ao outro, desejamos a ele apenas o melhor, do mesmo modo que desejaríamos a nós mesmos, assim estamos também cuidando de nós, porque também desejamos o melhor para nós. Há suficiente espaço em meu coração para mim e para o outro, e assim é vasta nossa visão de mundo. Fundamental para esse saudável comportamento é a arte de amar o próximo, um completo desejo de ser benevolente, caloroso e atencioso para com todos nos fortalece. Apesar de frequentemente ouvirmos que nos preocupamos mais com o próximo do que conosco, o fato é que se sentimos compaixão, estamos mais inteiros, mais equilibrados e, com isso, podemos influenciar amorosamente os demais. Seria, por exemplo, como se o empresário sentisse compaixão por seus funcionários sobrecarregados de trabalho e oferecesse a eles assistência sem lhes exigir demasiado. Dessa forma, ele permanece firme e permite a seus funcionários que também se sintam assim. Cooperação e cordialidade, então, são os sentimentos que esse empresário recebe de seus funcionários — uma bela atmosfera para a evolução.

Para os pesquisadores, de todas as áreas do cérebro há uma lista das que são ativadas pelo sentimento de compaixão:

— O córtex orbitofrontal medial
— O corpo estriado ventral
— A área tegmental ventral
— O núcleo do tronco encefálico
— O núcleo accumbens
— O córtex insular medial
— O paleoestriado
— O putâmen

Essas são as áreas do cérebro responsáveis pelos sentimentos de amor (especialmente do amor materno), de conexão fraterna e afeto. (Em anexo podem ser encontradas indicações de artigos relacionados a essa matéria para os que desejarem se aprofundar.)

Ao contrário da empatia, que nos torna mais fracos diante de estresse empático, por absorvermos o sofrimento alheio, na compaixão sentimo-nos mais fortes, pois ela não deixa que percamos os sentimentos positivos que fortalecem nosso sistema imunológico. Ela nos torna corajosos e felizes para continuar a vida. A compaixão não se esgota. Uma pessoa compassiva irradia uma serenidade maravilhosa e nada pode perturbá-la. Ela também nos oferece amorosamente a opção de não ajudarmos outros quando consideramos não ser essa uma atitude correta.

No budismo, essa atitude é chamada de "Bondade Amorosa" (*Loving Kindness*). É uma atitude a que eu mais tarde voltarei quando nos referirmos à autoempatia. *Bondade Amorosa* é uma forma de associação amigável com os outros e consigo mesmo.

Treinamento em empatia e compaixão

Em extenso estudo, Tania Singer e seus colegas descobriram que pode haver treinamento tanto para a empatia quanto para a compaixão. No entanto, os sujeitos que fizeram treinamento para a empatia ficaram mais tristes ao verem o sofrimento das pessoas em todos os lugares e se sentiram desamparados. Nos que se submeteram ao treinamento de compaixão, comprovou-se, por meio da meditação *Loving Kindness*, um outro sentimento: as pessoas tiveram grande desejo de ajudar e de minorar o sofrimento, e como resultado sentiram-se mais felizes e fortalecidos.

Empatia cognitiva

Existe ainda uma terceira forma de empatia, a *empatia cognitiva*. Nela, eu me imagino no lugar do outro. Eu levo em consideração todas as circunstâncias, reflito sobre como a pessoa está e o que ela deseja. Esse é um processo que me faz pensar antes para conhecer uma pessoa: como ela se sente? O que está fazendo agora? Reflito, imagino, penso. Essa forma é totalmente dissociada de ressonância emocional e parece, em princípio, ser bastante interessante. Eu sei o que parece estar na mente do outro. Em seu artigo "Empatia", Lena Funk descreve a empatia cognitiva da seguinte maneira: "Empatia cognitiva esteve associada frequentemente ao conceito de 'Teoria da Mente' (Bateson, 2009), que inclui a capacidade de reconhecer os próprios estados mentais bem como os dos outros e ser capaz de refletir para interpretá-los adequadamente."

Não há nada de errado em raciocinar, é claro. E é bom que possamos fazer isso, sempre compreender cognitivamente como a outra pessoa pensa. Entretanto, é necessário ir mais além a fim de que nossa assistência aos outros seja efetiva: voltar-se para o interior do outro, manter verdadeiro o desejo de nos conectarmos com as necessidades e sentimentos do outro.

Nos estudos sobre o comportamento neuronal, a empatia cognitiva se apresenta fundamentalmente diferente da empatia e da compaixão. As áreas neuronais ativadas pela empatia cognitiva foram:

— O córtex cingulado anterior
— O giro frontal inferior
— A região de transição temporoparietal

Não sou uma especialista em estudos sobre o cérebro. Como já mencionado, os que se interessarem em se aprofundar nos detalhes das áreas cerebrais poderão encontrar referências a esses estudos no apêndice deste livro.

Contágio emocional

A última forma de ressonância empática é a que conhecemos como *contágio emocional*, processo em que absorvemos inconscientemente os sintomas decorrentes da ação de outra pessoa, sem perceber que tais sintomas não são nossos. Percebemos que estamos nos sentindo estranhos, mas não sabemos o motivo. Sentimos nosso coração bater mais rápido, mas não conseguimos identificar a causa. No entanto, a causa disso pode ter sido a súbita entrada do diretor na sala, gritando ordens e desaparecendo logo depois. O estresse dele contaminou todos os colegas, que reagiram sem perceber o quanto foram contagiados.

Neste livro, eu desejo usar a definição de empatia no sentido de compaixão. Ambas as definições não têm a mesma significação segundo os resultados das pesquisas, porém a acepção da palavra a que desejo me referir aqui não inclui os riscos e as limitações, mas apenas os pontos fortes. Portanto, neste livro, o significado de empatia a ser considerado é o seguinte:

> Empatia designa a sintonia que nos permite sentir uns aos outros. Esse sentimento é resultante tanto da felicidade que sentimos ao ajudar quanto da alegria do outro. Ajudamos sem esperar nada em troca, ou seja, altruisticamente, tal como fazem os pais em relação a seus filhos ao lhes proporcionar segurança e assistência.

Uma visão empática ao mundo

Em nosso dia a dia, existe sempre a questão de decidir para o que ou para quem dirigir sentimentos de empatia. E nisso as pessoas são bem diferentes, pois o mapa interno de cada um se configura único e distinto dos demais. Há pessoas que, por vezes, são excessivamente compassivas e há as que são absolutamente cegas à compaixão.

Frequentemente penso que isso depende do nosso estado de espírito. Quanto mais sensíveis e vulneráveis, mais se abre nossa visão empática ao mundo, mais nos deixamos afetar, e deixar que as coisas que acontecem neste mundo nos influenciem é um risco. É difícil não nos comovermos com o que acontece aos outros, mas muitas vezes precisamos controlar nossos sentimentos para continuar a própria vida. Muito do que acontece no mundo desperta em nós sentimentos devastadores, assim preferimos nos retirar, decidimos não ver e estreitamos com isso nossa visão de mundo a fim de não nos expormos.

Eu gostaria de falar um pouco sobre a impressão que tenho a respeito de empatia. Já há alguns anos venho procurando consumir produtos de forma consciente e de acordo com minhas convicções. Como fazer isso? É certo que cada um deve definir isso por si mesmo, pois parece ser impossível pensar em todas as consequências relativas ao que hoje consumimos.

Opressão na farmácia

Há alguns anos, parei de comer carne, reduzi o consumo de produtos derivados de animais ou de qualquer um que seja nocivo ao meio ambiente, aos animais e às pessoas. Isso se estende, por exemplo, ao consumo de roupas (tenho que admitir que nisso não fui muito eficiente!), cosméticos, eletricidade, e assim por diante. Manter esse controle não é nada fácil!

Um dia, estava eu fazendo compras na farmácia quando me deparei com uma situação que me deixou completamente impotente: os produtos que eram livres de derivados animais estavam empacotados em plásticos cujos componentes são maléficos ao meio ambiente. Por outro lado, os produtos que me pareceram não causar mal aos seres vivos ou ao planeta tinham sido feitos por pessoas de países distantes que ou não recebiam salários ou recebiam salários de fome. Além disso, haviam sido transportados em veículos que liberavam CO_2 na atmosfera. E assim foram acontecendo naquele dia, uma após outra, coisas como essas. Em todos os cantos que eu olhasse, lá estava o consumismo irresponsável para com o bem-estar das pessoas, do planeta e dos animais. E assim é no nosso tempo: tudo é consumismo, um consumismo que explora outros seres e destrói o meio ambiente. É preciso respirar muito e fundo para conseguir lidar com isso.

É inegável que o consumismo impulsiona a economia do mundo, cria empregos e garante o conforto em nosso cotidiano. Temos tudo disponível a qualquer hora. Quando eu era jovem, nem sempre era possível comprar uma coisa de imediato, e, hoje, essa opção está disponível nas 24 horas do dia.

No entanto, apesar de haver essa disponibilidade no consumo, essa abundância e variedade de produtos, naquele momento, na farmácia, senti o peso do mundo em meus ombros, e o sentimento de impotência foi tamanho que me senti desamparada. É claro que há muitas sugestões de como comer de forma sustentável, de onde se pode obter produtos sem embalagens, de quais fazendas produzem produtos orgânicos, de como cultivar os próprios vegetais etc. Tudo isso para, no fim das contas, sermos criticados como sendo "eco-malucos".

Empatia e equilíbrio

Pensar o mundo com essas ideias e impulsos, sempre procurando fazer o correto de forma a não prejudicar ninguém, muitas vezes faz com que me sinta oprimida, pois é quase impossível agir o tempo todo com empatia. Acho que muitas pessoas bloqueiam seus impulsos em relação ao sentimento de empatia por medo de se sentirem sobrecarregadas e, consequentemente, de não suportarem a vida. Assim, é mais fácil viver na zona de conforto, nada questionar e nada mudar. É compreensível e é humano. Às vezes eu me vejo desejando voltar atrás, àquele tempo em que não me preocupava tanto com o que ocorre no mundo — a vida era mais fácil.

Afinal, como posso ter um olhar empático sobre o mundo e ao mesmo tempo não sofrer tanto? Como posso me conduzir de forma a não me sentir sobrecarregada?

Quando em nós desperta a empatia e desejamos ampliá-la, é realmente importante refletir e se questionar: como estou emocionalmente? Posso me permitir me envolver com os sentimentos e necessidades dos outros? Quanto isso pode me afetar? Por exemplo, há dias em que não posso assistir a um vídeo sobre a fauna, porque, só de pensar no quanto há de animais sofrendo, fico arrasada.

A partir desses questionamentos, portanto, é importante examinar o próprio equilíbrio emocional, a firmeza de nossas emoções, a fim de que possamos estar prontos para nos envolver com os outros. Um médico ou uma enfermeira ocasionalmente precisa delimitar fronteiras aos sentimentos de empatia para com os pacientes que trata, caso contrário esse abnegado trabalho não seria possível, pois a dor e o sofrimento dos outros os consumiriam até a exaustão. Como o fenômeno de *burnout* é muito comum entre os profissionais da área médica, é necessário que estes se protejam. Faz sentido, então, já que não posso fazer nada em determinadas situações, fechar a cortina como se estivesse num palco de teatro, para não ver e não sofrer. E assim eu faço cada vez que vejo um caminhão transportando gado — fecho os olhos e desejo bênçãos às pobres criaturas.

Voltando à ideia de expandir o olhar ao mundo com empatia. Isso se desenvolve parte por parte, e, inicialmente, o caminho mais indicado é o de lançarmos nossa atenção ao que está mais próximo a nós. Como está, por exemplo, minha família? Procurei saber se minha mãe já está completamente curada da gripe que teve? Posso cuidar dela? O primeiro passo que devo seguir para ampliar uma visão empática é prestar atenção aos meus mais próximos: à minha família e ao meu círculo de amigos. Estão todos bem? Posso ajudá-los em algo?

Relatei a Thero minha sensação de completo desamparo frente às situações com as quais me deparo no mundo, e ele me respondeu: "Nunca se deixe levar ao extremo, pois com isso você fere a si mesma. Não olhe para os infortúnios que estão distantes de seu próprio mundo e pelos quais você nada pode fazer. Olhe primeiro para os que lhe são queridos, para os que estão perto de você, sua família, seus amigos. Cuide deles, este é o primeiro passo quando se deseja olhar para fora de si."

Depois que tiver dado esses passos, poderei olhar mais além, ampliar minha visão e lançar minha atenção a meus colegas de trabalho, vizinhos e conhecidos, de forma a oferecer minha ajuda a quem dela precisar. Se for suficientemente atenta, posso reparar de uma maneira inédita no garçom que me serve no restaurante, na senhora que sorri atrás de mim na fila do caixa de uma loja, nos estrangeiros de diferentes países e com diferentes crenças. E, em algum momento, a vista se estenderá a tão longas distâncias que estaremos conectados a todas as pessoas. E, então, a empatia torna-se um hábito.

Se ampliarmos nossa visão consciente, poderemos ver a realidade que cerca os animais de fazenda, os animais domesticados, os animais silvestres — que exploramos, que privamos de seus habitats, que dizimamos, com isso contribuindo indiretamente com a destruição do planeta por meio da pecuária industrial. Animais aos quais não atribuímos sentimentos porque um bife tem um gosto melhor do que os pensamentos amargos de minha consciência. Não desejo ir mais longe sobre isso neste momento porque são assuntos já conhecidos e polêmicos.

Ativistas de direitos humanos argumentam que não podemos nos preocupar com a pecuária industrial enquanto as pessoas passam fome, sofrem, fogem de guerras, congelam até a morte, amargam abusos e discriminação. Na verdade, cada indivíduo tem um universo empático particular, uma determinada perspectiva de mundo. Para cada pessoa há uma hierarquia de valores que difere da dos outros; ao não compreender e aceitar isso, estabelecem-se conflitos absolutamente inúteis.

Cada indivíduo pode procurar ser amoroso e sentir a verdadeira compaixão, não importa para onde a direcione e tanto faz em qual ponto ela comece. O importante é começar. E não importa que o sistema de valores tenha mudado nesses últimos anos, não é preciso que o acompanhemos na mesma intensidade. Não se pode exigir isso de ninguém, mas é possível ousar, exercitando diariamente nosso olhar consciente em todas as coisas desse mundo.

Examinemos analiticamente a nossa perspectiva empática: que efeito têm minhas ações no mundo? Com quem devo agir com compaixão e quando a empatia me tira dos trilhos? Essa é uma reflexão que antecipa as consequências de minhas ações. Claro que há situações repentinas nas quais nos perguntamos até que ponto devemos nos envolver com os sentimentos de alguém e qual a maneira correta de lidar com isso. Até que ponto nos deixar afetar ou apaziguar nosso ponto de vista de forma a acolher o outro? Chego à conclusão de que, para isso, é preciso, além de acolher amorosamente o outro e suas penúrias, desenvolver a capacidade de administrar os meus próprios sentimentos e necessidades.

Meu ponto de vista

As reflexões sobre empatia nos levam a perceber que cada um demanda e espera sempre ser tratado com empatia pelos outros. Isso se torna mais evidente nos relacionamentos. Começamos a exigir que o outro sempre acolha nossos sentimentos e supra nossas necessidades, quando na realidade estamos apenas nutrindo nosso ego, porque, no final das contas, o que queremos é sempre ter razão. Na verdade, é nesse ponto que precisamos estar atentos, pois muitas vezes falar sobre nossas questões e sentimentos poupa o desgaste nas relações. Quem não conhece a devastadora frase "Você nunca me entende!"? Honestamente, quando estamos no "modo drama" não é fácil ser compreendido. Você já passou por esses momentos? Eu os conheço muito bem! Por isso, nas ocasiões em que você exige ser visto pelo outro, reflita e pergunte-se se isso é realmente necessário. Nunca exagere! Se esperamos que o parceiro, o colega, o amigo estejam sempre prontos a se sensibilizar para acolher nossos dramas, sobrecarregaremos essas pessoas. Se, por outro lado, tivermos em mente que cada indivíduo tem e segue seu mapa interno, que também possui necessidades e preocupações, e que está imerso nisso o tempo todo, fica claro que nossas exigências nada têm a ver com empatia, mas sim com presunção e prepotência.

Um mínimo de comunicação e escuta atenta

Se quisermos que as outras pessoas levem a sério nossas querelas e decidirmos não mais encenar nossos presunçosos dramas, não há nada de errado em convidar o outro para uma conversa amigável e pacífica e falar sobre nossos sentimentos.

É preciso haver uma comunicação mínima que garanta que a outra pessoa esteja aberta a ouvir e possa lidar com a situação.

Ninguém é clarividente, e felizmente não precisamos chegar a esse ponto! Por isso é bom nos abrirmos ao outro para falar sobre que nos está acontecendo, se desejamos apoio e acolhimento. Se assim não o fizermos, correremos o risco de que nossas questões não sejam consideradas, caso o outro também traga seus próprios dramas e não nos ouça.

O que podemos fazer, então, quando esperamos receber empatia? É preciso coragem e disposição para manter uma pessoa a par das nossas dores, mas também é necessário a percepção de que os outros estão lidando com as próprias questões, ideias, impressões ou problemas, e, por isso, nossas dificuldades talvez não sejam compreendidas naquele momento. No entanto, isso não significa que o outro não se importe conosco. Numa próxima vez, ele poderá estar presente para nos ouvir e acolher. Se algo nos acontece e necessitamos desabafar urgentemente, precisamos deixar isso claro para o outro, mas jamais recuar e nos fechar numa concha em um acesso de raiva.

A comunicação face a face convida a que se instaure a empatia, pois ser aberto e expor sentimentos e necessidades permite que o outro realmente nos veja.

- Um olhar empático ao mundo abre a possibilidade de diferentes interpretações;
- A decisão sobre a intensidade dessa abertura pertence unicamente a cada um;
- Quanto mais longe estendo meu olhar, mais consequências para minhas ações;
- Se espero empatia dos outros, devo expressar o que é importante para mim;
- Se quero ser empático com os outros, devo ouvir atentamente e me importar com o que lhe acontece.

Autoempatia

Meditação da Bondade Amorosa:

Que eu esteja bem e feliz.
Que eu seja livre da inimizade.
Que eu esteja livre de doença.
Que eu seja livre da dor.

Essa é uma parte da Meditação da Bondade Amorosa, mantra budista que aprendi com Thero. Com esse mantra, ele inicia suas muitas palestras. A atitude de bondade amorosa é fundamental em seu trabalho e ele ensina:

> "Para o budismo, há duas importantes 'partes' nos homens:
> Dentro de mim
> Fora de mim
> Preciso começar 'por mim'. A empatia comigo mesmo torna possível ser e agir com empatia em relação aos outros."

Thero explica que a "bondade amorosa" é uma atitude, um modo de vida. É preciso que primeiro as pessoas tenham empatia consigo mesmas, depois com os outros e, finalmente, com o mundo inteiro. Isso significa: primeiramente, desejo amorosamente que tudo possa correr bem para mim.

Thero explica que Buda disse que devemos acender nossas lanternas primeiro para então ajudar a acender as dos outros. Isso imediatamente me lembrou das instruções para o uso das máscaras de oxigênio nos aviões. Primeiro colocamos a nossa, para depois colocá-las nas crianças e nos idosos. Fica claro que nós, os adultos, precisamos das máscaras para podermos agir. Penso sempre nisso, e, na vida, é o mesmo, devemos cuidar primeiro de nós para podermos cuidar dos outros.

Thero descreve a Meditação da Bondade Amorosa da seguinte forma:

"A Meditação da Bondade Amorosa é uma técnica que nos leva a atitudes conscientes de satisfação e alegria para ter uma vida feliz. A bondade amorosa é a pedra fundamental para nosso desenvolvimento espiritual, é um sentimento caloroso e amigável, que, entretanto, não deve ser confundido com o amor. Amor pode ser descrito como um extremado sentimento e o ódio como sua contraparte. A bondade amorosa representa o meio-termo.

"(...) Se conseguimos nos manter em estado de amorosidade e bondade, não só podemos dissolver todos os sentimentos ruins, mas também a tratar os outros com amor e bondade. Nossos apegos e nosso implacável ego são a razão de todos os problemas — relaxamento e paz profunda são possíveis de alcançar somente por meio de um olhar amoroso. Quando somos capazes de nos distanciar dos apegos e de seus entrelaçamentos, então somos capazes de tudo acolher com ânimo e sensibilidade."

A atitude interior de bondade amorosa propicia começar a ter empatia por si mesmo. Não se trata exclusivamente de alcançá-la por meio da meditação, mas sim de inaugurar um sentimento de amor e ternura por nós mesmos que depois possa ser irradiado aos demais. Ela é um conceito, uma atitude que se estende aos outros até que, finalmente, abarca o mundo todo. É preciso esforço para isso, mas vale a pena. Thero explica:

"As pessoas dispendem grande esforço em muitas coisas. Desejam manter o que possuem ou ter cada vez mais lucro. As empresas precisam se esforçar e investir muito para que isso aconteça. Se não dispendermos esforços por nossas almas, como querer que sejamos bem-sucedidos?

Oriente seus pensamentos, dirija a você mesmo os seus pensamentos. A empatia e a compaixão são potenciais que podem ser desenvolvidos para se ter uma vida de felicidade."

A empatia começa com o amor-próprio, olhar para si mesmo e desapegar-se das coisas que, de acordo com os ensinamentos budistas, levam ao sofrimento. Thero nos ensina: "Qualquer forma de sofrimento é alimentada pelo ego, pela sede de prazeres mundanos e desejos materiais (luxúria, desejo, exigências e necessidades), bem como pela luta por poder e posses."

> Se não dispendermos esforços por nossas almas, como querer ser bem-sucedidos?

O que pode nos parecer felicidade nos distancia de nosso eu superior e dos outros. A arte da autoempatia não significa tornar-se importante, ter ou ganhar mais dinheiro. A autoempatia tem como base a aceitação amorosa do próprio ser, da própria personalidade, da própria vida e, naturalmente, das próprias necessidades. A paz interna se inaugura quando eu me reconheço, aceito e acolho a mim mesmo, tenho por mim compaixão e me trato com ternura.

O "eu" na vida moderna

Nos últimos dez anos, explodiu o fenômeno do coaching em suas mais variadas formas. O desenvolvimento do "eu", desde então, fundamenta essa metodologia, cujo processo oferece a possibilidade de buscar, encontrar, otimizar e moldar a própria essência.

"Cinco passos para o autoconhecimento"; "Encontre seu verdadeiro eu em sete dias"; "Seja você mesmo e tudo dará certo" — promessas milagrosas semelhantes a essas podem ser encontradas sempre que olharmos para o mercado de coaching, de educação continuada e de autoajuda. Aparentemente, nossa educação e sociedade não nos ensinaram a lidar com nosso "eu" de forma saudável, e isso explica a busca recorrente por esse tema. O "eu" está em apuros. Ou simplesmente não temos tempo para nos ocupar com nossa essência? Ou estamos tão imersos num mundo de conforto material que não percebemos que falta alguma coisa? Todas as necessidades básicas são saciadas, temos tudo e, apesar disso, somos infelizes? Em qual momento de nossas vidas nos damos conta de que ter tudo não é o suficiente?

Sem dúvida é completamente lógico que devemos cuidar e estar atentos ao nosso "eu", à nossa essência. Isso é requisito para que possamos cuidar dos outros, é o que o budismo nos ensina. O "eu" deseja ser visto, o que muitas vezes não aprendemos a fazer, ou muito pouco fazemos e, várias vezes, de forma errada. Lidar com o próprio eu oferece apenas um perigo: pessoas que permanecem apenas em si mesmas podem se esquecer completamente de que *não* são o centro do universo, pois todos vivemos em uma comunidade na qual precisamos ajudar e considerar uns aos outros, porque aos outros estamos ligados, e esses outros não são necessariamente más pessoas. Sim, vivemos num mundo em que dependemos uns dos outros, mas, com a individualização crescente na vida moderna, nos esquecemos disso com frequência.

É bom estar sozinho, mas no final, sem o contato com nossos semelhantes, morremos feito plantas. Muito representativo disso é o filme *Na natureza selvagem*, no qual o protagonista se afasta de todos que o amavam para viver na selva e acaba morrendo sozinho. Em seus últimos instantes de vida, descobre que a felicidade nada significa se não for compartilhada. Esse filme nos mostra que ele vai à procura de seu verdadeiro "eu" e acaba se perdendo nessa busca. Sós, podemos simplesmente não sobreviver.

Mas, de volta à questão do "eu", acho que, se não dermos uma pausa de vez em quando para uma autorreflexão, sucumbiremos ao perigo de nos superestimarmos a tal ponto que a visão empática do mundo se torne naturalmente estreita. Ficamos tão centrados em nossas próprias preocupações que julgamos nossas experiências de infelicidade ou felicidade como a medida de todas as coisas. Não são!

As pessoas, nas várias fases da vida, dão tantas voltas em torno de si mesmas, olhando para suas almas, remexendo na infância, explicando tanto seus sentimentos quanto os dos outros, que não lhes resta mais a capacidade de sentir ou pensar nas pessoas ou em outras coisas. Eu mesma faço isso muitas vezes. As pessoas se fundem em si mesmas e em supostos abismos de suas almas, e, assim, o olhar se estreita e a luz própria retorna apenas para fortalecer o ego. Todos nós vivenciamos essas fases, elas são importantes para o desenvolvimento da personalidade, mas não são úteis como condição permanente, precisam ser transformadas.

Como demonstramos a autoempatia?

Jürgen Engel descreve autoempatia da seguinte maneira:

> "O sentimento de empatia começa comigo mesmo. Se estou em um lugar no qual sinto medo, preciso sentir empatia comigo e me colocar em equilíbrio. Eu paro, então me dou um tempo, entro em contato com meus sentimentos e me pergunto qual a razão para estar tão nervoso, quais necessidades minhas não estão sendo atendidas, quais motivos eu tenho para sentir medo. Então, talvez, encontrando as respostas, eu precise desenvolver segurança e confiança em mim mesmo. Eu quero ficar bem comigo mesmo do jeito que eu sou.

Eu posso continuar a vida se eu reconheço as minhas necessidades. Eu preciso aceitar minha essência. Apenas quando eu reconheço isso de que eu realmente preciso, abre-se novamente a minha porta interior. Se me trato com empatia, posso ter também com os outros."

Vamos, então, conhecer os aspectos da autoempatia:

1. Conhecer e aceitar as próprias necessidades

Todos temos necessidades, embora algumas vezes elas não estejam lá muito evidentes para nós. No entanto, quando estamos em contato direto com o outro é que reconhecemos o que é importante. Uma vez conhecidas nossas necessidades, a *bondade amorosa* nos permite reconhecê-las afetuosa e honestamente, primeiro em nós mesmos e depois nos outros. Então, sim, podemos perguntar do que o outro precisa e também nos perguntar do que precisamos. E podemos nos questionar se o que desejamos é tão importante para continuar insistindo ou se o melhor seria ceder. Por exemplo, em uma discussão, podemos escolher ter uma atitude receptiva com nosso interlocutor, em vez de optarmos por um embate entre egos.

2. Nunca se julgar

Na vida, muitas vezes temos atitudes que ultrapassam os limites. Cometemos erros, ferimos, destratamos alguém, e é preciso que prestemos atenção a esse comportamento.

> É preciso parar de nos julgar e nos condenar pelas necessidades que temos.

Como posso ter empatia com os outros, se me repreendo o tempo todo? Como posso desenvolver a compreensão pelo comportamento dos outros, se condeno meus próprios defeitos e não quero vê-los porque não sou capaz de lidar com eles? Como a psicóloga, escritora e palestrante Ulrike Scheuermann relata em seu livro *Innerlich frei* [Livre por dentro], para termos paz, precisamos aceitar nosso lado sombrio. Ela relata que esses aspectos de que não gostamos em nós são exatamente o que vemos e o que nos incomoda nos outros, pois não os enxergamos conscientemente em nós mesmos, por isso não os aceitamos e os reprimimos. A psicologia chama esse processo de projeção, ou seja, projetamos nos outros o que não gostamos em nós, mas não temos consciência disso. Na verdade, esse processo é como a inversão do feixe de luz de uma lanterna — pressentimos que determinado sentimento ou comportamento que condenamos está dentro de nós, mas preferimos dirigir o foco da lanterna para o outro, por isso o comportamento dele nos irrita. No entanto, dirigir nossas críticas para os outros é simples, mas não honesto. Uma disposição essencial para a empatia é abraçar nosso lado sombrio, compreender e aceitar nossas falhas, reconhecer nossos próprios defeitos por meio dos comportamentos dos outros que nos parecem irritantes, sem julgá-los ou condená-los.

A autoempatia, portanto, não é nem nos autocondenar, nem imputar culpas ao outro pelos processos do próprio ego, a fim de nos sentirmos melhor. Isso seria como maquiar o ego, maquiar a superfície do eu. Pelo contrário, o que há a fazer é dirigir um olhar consciente, realista, honesto e, acima de tudo, acolhedor a nós mesmos, com todas as manias, defeitos e falhas que reconhecemos em nossa humanidade, assim como também reconhecer o lado luz e as qualidades que trazemos conosco e nos acolhermos da mesma forma como acolhemos nossos melhores amigos: amorosamente, carinhosamente, generosamente.

> Autoempatia não é maquiagem para o ego, mas um olhar profundo e honesto sobre si.

Até que ponto podemos ter autoempatia?

Elabore uma espécie de lista em que você escreva de um lado todas as características que não aprecia muito em si mesmo e, do outro, as que considera qualidades. Repare que é muito mais difícil listar nossas qualidades. Aprendi isso durante minha formação como palestrante. Apesar dos muitos incentivos de meus colegas e de muitos treinamentos e cursos, foi difícil lidar com meu ceticismo a respeito de minha capacidade de estar em um grande palco e dar palestras.

Finalmente tive a ajuda de um grande amigo, que é comediante e conhece bem os processos internos de insegurança que nos levam a não ousar subir em um palco. Ele me "obrigou" a, antes de elaborar o conteúdo, as estruturas e as palavras-chave das palestras, anotar primeiro numa grande folha de papel, com lápis de cor, o que eu fazia de melhor quando estava no palco. Quando ouvi a proposta dele, logo vi que essa tarefa não seria nada fácil. Deveria também, em outra folha, anotar todas as coisas que eu poderia melhorar e, ainda numa terceira folha, anotar o estado de espírito com que as pessoas saíam depois de minhas palestras. Comecei essa tarefa com bastante resistência, pois preferia focar no conteúdo, nas declarações com as quais eu pretendia despertar impressões nas pessoas. Diante desse propósito, a tarefa de me avaliar dessa forma me parecia irrelevante, pois somos sempre levados a pensar em coisas do tipo: sou pontual, engajado, dedicado, blá-blá-blá...

Lembro-me perfeitamente das três folhas de papel em branco na minha frente em cima da cama. Olhei fixamente para elas e comecei com o que deveria ser melhorado — obviamente podemos recitar de cor esses pontos, já que o crítico interno é um incansável companheiro. Fluíram para mim apenas os pontos críticos — manter o foco, ser objetiva, me aprofundar mais, pesquisar especificamente e estudar cada vez mais, demonstrar argumentos essenciais, e assim por diante. Lá estava a me olhar a lista de déficits.

No entanto, a lista de pontos altos de minha performance ainda continuava diante de mim; as folhas de papel reluziam brancas e vazias. Nada fluía para preencher aquelas folhas. Eu olhava para elas e elas continuavam inexoravelmente vazias. Bom, uma coisa podia dizer: as pessoas riem frequentemente em minhas palestras, parece que eu lhes provoco um estado de bom humor. Automaticamente, ao pensar nisso, senti-me um pouco constrangida. Pode isso? Elogiar a si mesmo? Isso nos parece estranho, porque não estamos acostumados a pensar em nossos pontos fortes e a levá-los a sério.

Ao olhar para aquelas listas muito díspares, subitamente ficou claro para mim que, se eu não reconheço meus pontos fortes, não posso trabalhar em minhas "fraquezas". Se eu me considerar sempre menos e esse sentimento se tornar denso e pungente, então nele me desintegro. Eu me identifico tão profundamente com o "menos", que não sou capaz de enxergar nada além disso e, em consequência, nada significo. Isso não é nada empático, certo? Eu jamais faria isso a outra pessoa, mas ouso fazer a mim mesma. Naquele momento, essa descoberta foi difícil de descrever, eu tinha absolutamente que reconhecer meus pontos fortes para não me desintegrar, criar de alguma forma um contrapeso para o que não estava tão bom assim. Esse contrapeso me mantém íntegra, me dá coragem, me oferece um suporte e fortalece minhas bases. Com esse suporte, posso ousar enfrentar minhas fraquezas com mais leveza, porque elas já não me pesam tanto. Trazendo esse equilíbrio na bagagem, posso até admitir e aceitar as críticas e lidar bem com elas. Posso falar totalmente em paz sobre as coisas nas quais não sou tão boa, porque para muitos de nós é difícil admitir erros e ignorância. Nós os encobrimos, enganamos, mentimos para não parecermos fracos. E para quê? Para manter uma imagem impecável — e o que é uma imagem impecável, senão a ilusão de um ser humano frio que nada tem a oferecer? Muitas pessoas que se consideram menos do que são experimentam esse desagradável sentimento. Nossa sociedade se empenha para que não levemos a sério nossas dificuldades. A publicidade nos mostra pessoas perfeitas, o sucesso para nós é algo que não conhece lados obscuros. Mostrar produtividade, sucesso; atualmente, a opressão aumenta cada vez mais. Nas escolas, além disso, não é valorizado aquilo que se alcança, ao contrário, os erros é que são evidenciados. Minha filha vem para casa depois de fazer uma prova na escola e fala: "Já sei que errei três coisas na prova." E minha resposta é: "E você sabe quantas acertou?" Na escola, aprendemos a ter uma compreensão deficitária de nós; na profissão, que devemos ser esforçados. E, então, existe um meio-termo?

Autoconsciência: entre a autoglorificação e a autocrítica

Para mim, autoconfiança significa ter consciência de si, conhecer ao mesmo tempo os dois critérios da lista. Além disso, ter empatia consigo significa não só conhecê-los, mas também olhar de forma gentil para eles, tratá-los com bondade: o lado valioso e bom e o lado desagradável e irritante. Se tornarmos esses dois lados bem conhecidos para nós, certamente nos aproximamos mais do autoconhecimento. E, se os levamos em consideração, temos a possibilidade de nos tornarmos pessoas mais amorosas. Por outro lado, quem se coloca como o centro do mundo, e com isso pretende dominar o outro, não encontra o acesso a si mesmo e muito menos o acesso ao outro. Assim, também, acontece com quem tem um olhar crítico e destrutivo com o qual dilacera o eu, em vez de lhe dar suporte. Em contrapartida, se tratamos com empatia nossas peculiaridades, consequentemente trataremos os outros com amor, afeto e amizade. Se recebêssemos um olhar de compreensão e afeto quando nos sentíssemos desamparados e miseráveis, um olhar que nos aceitasse mesmo que não estivéssemos agindo de forma exemplar, um olhar que nos reconhecesse em nossa humanidade, poderíamos mudar em muito a sociedade.

Empatia consigo mesmo significa:
- Ser amável consigo;
- Aceitar com amor sua parte luz e sua parte sombria;
- Considerar-se importante, mas não mais do que os outros;
- Não ultrapassar os próprios limites, mas manter a simplicidade do Ser;
- Viver com confiança, conhecer seus pontos fortes e os fracos.

Empatia com os outros: coração ou razão?

Já examinamos tanto o conceito de empatia cognitiva quanto o de empatia afetiva. Sob esses aspectos, gostaria de tecer considerações sobre as qualidades de uma e da outra, demonstrar seus pontos positivos e seus planos de ação.

Considero que ambas as formas se inter-relacionam e só aparecem separadas em algumas circunstâncias. Pensamentos e sentimentos são inter-relacionados. Há pessoas que naturalmente avaliam de modo racional as situações e se comportam de acordo com o resultado. Elas dão a impressão de serem atenciosas, confiáveis e cheias de consideração. Essas pessoas são capazes de se desligarem das emoções (pelo menos na superfície), a fim de racionalizarem as emoções.

Por outro lado, existem muitas pessoas que se deixam levar pelas emoções e ficam sobrecarregadas, podendo também sobrecarregar os outros com suas reações de extrema sensibilidade. Tomemos como exemplo uma situação em que uma pessoa sente muito medo de algo, como falar diante de uma grande plateia, tal como aconteceu uma vez com o funcionário Schmitt, que, ao ter que fazer uma apresentação, ficou parado, apavorado, com todo o corpo a tremer. Ele tem medo de que, durante sua fala, perca o fio da meada. O mesmo pode acontecer durante a narração de uma partida de tênis ou em uma simples reunião de pais; o medo é o mesmo, mesmo que depois, sozinhos e privadamente, tenhamos vontade de rir dele. Em qualquer dos casos, não se deve subestimar as emoções.

Schmitt, quando precisa subir num palco, fica completamente suado e não consegue respirar. Um dia, ele conhece a colega Meier, uma mulher de negócios, cabelos presos num coque, de óculos sobre um nariz ligeiramente arrebitado. Ela não admite erros, mas vê como Schmitt está se sentindo, tremendo e em estado lamentável. Então, sai dos bastidores e vai na direção dele, dá um tapinha em seu ombro e lhe diz: "Ah, vamos lá! Você tem um bom conteúdo! Está tudo ótimo, ninguém morreu no palco ainda!", e retorna rapidamente para trás do palco, sem se voltar para ele. Ela aprendeu num seminário sobre negócios que um tapinha no ombro é um gesto bonito, ela o elogiou e encorajou tal qual leu nas instruções de um guia de negócios: reconhecimento e valorização são importantes.

Mas e o que aconteceu com Schmitt? Ficou ali parado a tremer mais ainda. Por que isso? Porque esse tipo de ajuda não o atingiu, porque a forma como foi abordado o levou a sentir-se menosprezado e diminuído. A partir disso, a pressão aumenta. A mulher não entendeu quão emocionalmente vulnerável ele estava, pois, já que sabia como as pessoas se sentem num palco, sua atitude foi completamente racional, mas desprovida de emoção e afeto, por não se deixar abalar pela situação. A empatia cognitiva permaneceu na superfície.

E Schmitt está ainda ali, faltando dez minutos para sua apresentação, sem saber o que fazer. Surge, então, Kunibert, um colega de trabalho, e o vê ali naquela situação. Aproxima-se e se dirige a Schmitt: "Cara, como você está mal! Está suando, você realmente precisa de uma outra camisa! Olha, tomara que dê certo, eu estraguei a minha apresentação também. Desde então meu chefe não falou mais comigo e tenho que passar por isso de novo! Desejo boa sorte." E sai correndo.

Boa intenção e má execução em nada ajudam.

Como nos parece estar Schmitt agora? Claro que pior ainda! Kunibert reagiu de forma puramente emocional, falou sobre as próprias experiências, compartilhou de forma egocêntrica as vivências ruins e fugiu apressadamente. Isso acontece, muitas vezes as pessoas se veem diante das próprias experiências quando se deparam com um outro nas mesmas circunstâncias e vêm à tona os sentimentos ruins de que precisam se livrar. Muito egocêntrico, nada empático. Pobre Schmitt!

Lá está Schmitt, confrontado com duas tentativas de empatia bem-intencionadas, mas mal executadas. Vamos torcer para que aconteça algo mais que o possa ajudar.

Então chega Tina, uma jovem brilhante e trabalhadora, com seus vinte e poucos anos, alguém que tem muitos planos na vida e que precisa de razão e de emoção para realizá-los. Ela vê seu colega naquelas condições e se dirige a ele, logo dizendo: "Olá, Schmitt, você tem sua apresentação hoje, certo? Ótimo, você tem finalmente a oportunidade de mostrar os ótimos resultados que obteve, isso é especial." Ela olha para ele brevemente e espera por sua reação. Quando ele sorri, ela então continua: "Eu sei que deve estar animado, que está preparado e que tem tudo sob controle. Posso lhe trazer um copo de água? Isso sempre me ajuda antes de uma apresentação. Vou torcer, com certeza sua fala será ótima!" Schmitt agradece pelo copo de água e pela atenção e pensa: *Isso mesmo, os resultados são muito bons, nem pensei nisso.* Um sorriso se espalha pelo rosto. Ele confia em Tina, em sua natureza alegre e descontraída. E seu estado de ânimo muda, fica ansioso pela apresentação, quase feliz.

Tina realizou algo de bom. Ela se colocou no lugar de Schmitt e deduziu do que ele precisava, quais poderiam ser suas necessidades naquela situação. Para isso, ela enfatizou os aspectos positivos da apresentação dele e não os negativos. Ela dirigiu a atenção para ele e não para si, ofereceu a ele um espírito de solidariedade, o que o ajudou. Se Schmitt tivesse se afastado, ela teria ficado em silêncio, apenas lhe oferecido um sorriso, o que muitas vezes é suficiente.

> A atitude amorosa não foca no que está faltando, e sim nas possibilidades.

Essa é uma das atitudes fundamentalmente amorosas que muitas vezes nos falta na lida com os outros.

Do que o outro precisa: razão ou emoção?

Um amigo me ligou e disse que estava muito mal, que não conseguia entender o que acontecia, pois não tirava nenhuma alegria de seu trabalho e se sentia aprisionado. Ouvi tudo por um tempo e comecei: faça uma campanha pelo Facebook, faça mais propaganda, eu conheço um contato que lhe pode ser útil... e assim continuei mais e mais. O desmedido desejo de ajudar brotou em mim, coração e mente em ação na busca de soluções — algo tem que dar certo! Depois de um tempo, fui bruscamente interrompida por sua resposta: "Será que eu não posso ser infeliz em paz? Eu não quero nenhuma solução, nenhum Facebook, nenhum contato. Eu quero simplesmente reclamar, só isso."

Silêncio.

Eu me senti dando com a cabeça na parede, por causa da minha cega e mal calculada necessidade de agir. Eu jamais poderia imaginar — e nisso estava a minha cegueira — que alguém desejasse não sair do estado emocional em que se encontrava, nesse caso, da infelicidade. E ele continuou: "Eu quero me sentir exatamente assim, para depois me sentir muito melhor quando as coisas estiverem boas. Apenas me ouça e me entenda."

Fiquei atordoada: em minha mente, pensei que sabia do que ele precisava, mas estava totalmente enganada. Fiquei muito agradecida pela intervenção dele, do contrário teria continuado com a minha lista de soluções (e nós, instrutores, trabalhamos sempre orientando à busca de soluções) e com elas o teria esmagado. Se eu acredito que sei o que é bom para alguém, não significa que isso para o outro seja o correto. Minha mente propositalmente tomou uma direção, e, no entanto, bastava deixar que meu coração mostrasse o caminho e eu teria apenas escutado meu amigo e compreendido realmente como ele se sentia. A empatia também pode significar não fazer ou dizer nada, apenas estar presente, ouvir e compreender.

Em que eu posso ajudar? Nesse momento eu ainda não sei como ajudar. Essas colocações são tão importantes que delas não podemos abrir mão num diálogo, porque muitas vezes não sabemos o que vai no coração do outro, e faz parte da empatia expressar nosso desamparo. Podemos nos permitir ser levados por sentimentos empáticos e simplesmente dizer: "Quero ver você, quero ouvir você, embora não saiba exatamente do que você precisa. Vamos nos sentar e pensar numa solução ou você deseja apenas um abraço?"

> Empatia com o outro significa:
> - Estar honesta e verdadeiramente presente;
> - Não tomar como seus os problemas alheios;
> - Procurar perceber exatamente do que o outro precisa;
> - Apenas expressar o que possa contribuir positivamente;
> - Permitir que o outro se sinta como deseja;
> - Nada dizer ou fazer também é positivo.

Sentimentos e suas consequências

Sentimentos — quão incrível é abrir esse imenso pote! Bem, na verdade, para sermos honestos, os sentimentos que regem nossas vidas são ao mesmo tempo benção e maldição. O psicólogo e professor Paul Ekman escreve que os sentimentos são o centro de nossas vidas. São eles que fazem com que ela valha a pena. Apesar disso, eles podem tornar a vida tão difícil e os relacionamentos tão complicados que muitas vezes desejamos fugir deles. No entanto, os sentimentos estão em todas as situações, queiramos ou não. Vamos imaginar que fosse possível excluí-los da vida, de modo a seguir por ela, confortavelmente, sem a onda inquietante das emoções. Estaríamos profundamente enganados, pois, quando os reprimimos por muito tempo, em algum momento o pote explode. E faríamos muito bem em não estar por perto no momento da explosão!

Naturalmente que são as pessoas, e seus respectivos sentimentos, as responsáveis pela explosão. Por outro lado, se quiséssemos escapar desse movimento natural da vida, muitas vezes intenso, teríamos que nos trancar em algum lugar e levar uma existência de eremita. No entanto, felizmente não existem apenas sentimentos que nos causam dor e sofrimento; em contrapartida, há as preciosas emoções positivas, que estão aí para serem vividas e celebradas. Estas são muito bem-vindas, pois não oferecem motivos para lamentações quando se apresentam, e uma personalidade equilibrada inclui ambos os lados, o da luz e o da sombra. Como Thero me disse uma vez: "Quando apenas o sol brilha, não se pode mais ver a lua." Temos tanto sentimentos bons quanto desagradáveis, mas a ciência até o momento tem se ocupado muito mais em detalhar os que nos são desagradáveis, já que desejamos poder controlá-los o máximo possível.

Nunca acredite em suas emoções

Thero explica que, no budismo, existe o seguinte ditado: "Nunca acredite em suas emoções, pois elas vêm e vão." Corretíssimo! Essa máxima me surpreendeu e me surpreende até hoje. Damos muita importância a nossos sentimentos, ficamos enredados neles, sem nos darmos conta do quão passageiros podem ser. Para piorar esse quadro, ficamos tão imersos no que estamos sentindo que somos capazes de nos integrar neles, isto é, esquecermos que para tudo há um outro lado, uma outra perspectiva. Por exemplo, quando brigo com meu parceiro, sou apenas a irritada e emburrada e não mais a companheira feliz ou a mãe carinhosa, sou apenas a irritada porque esse sentimento me domina.

Como seria se começássemos a não acreditar tanto em nossas emoções e, na melhor das hipóteses, avaliá-las como uma parte muitas vezes fugaz de nossa personalidade? Como veríamos, então, os conflitos? Quão soberanos poderíamos ser, rindo de nós mesmos, relaxados, se soubéssemos que dali a pouco estaríamos sentindo coisas bem diferentes? Mas não acontece assim, não é mesmo? Isso está muito longe da nossa realidade porque temos algo que nos impede permanentemente de manter uma mente relaxada, quando chegamos ao nosso limite de tensão. É aí, então, que apertamos o nosso botão vermelho. E quando estamos no nosso limite, saímos do sério.

> O mundo não precisa de sentimentos que em nada contribuem.

E o que isso tudo tem a ver com empatia? Primeiro, é fundamental conhecer e avaliar os próprios sentimentos e emoções. Nesse aspecto, não posso exigir que os outros aceitem e acolham todas as minhas emoções, mas posso decidir mostrar ao outro apenas o que não lhe cause mal algum, porque nem ele nem o mundo precisam de sentimentos que em nada contribuem.

Além disso, se eu conheço o limite das pessoas ao meu redor, o que posso fazer de positivo a respeito? Paul Ekman trabalha enfaticamente com essa questão em seu livro, *Gefühle lesen* [Lendo os sentimentos], e discorre sobre a "fase refratária" e sobre como proceder nesses momentos de tensão emocional. Tom Rückerl, meu professor na época da minha formação em *coach*, na V.I.E.L Coaching and Training, em Hamburgo, dizia que, diante de um sentimento emocional de desânimo, nosso coeficiente de inteligência (QI) cai quase ao nível zero. Para mim, fica claro que sentimentos de intensa negatividade fazem com que as pessoas fiquem estúpidas. Por outro lado, não me parece que alguém que esteja apaixonado, por exemplo, uma das emoções consideradas das mais positivas, seja abençoado com um alto coeficiente de inteligência.

Vamos entender essa coisa complicada. A fase refratária a que Ekman se refere é uma fase em que o sentimento nos invade tão completamente que ficamos sem possibilidade de encontrar garantias, apaziguamento ou alívio de qualquer tipo. Nós nos enfiamos em um poço e não conseguimos mais raciocinar, não queremos entender nada. Nesses momentos não somos nada além do próprio sentimento. Não queremos compreender que talvez tenhamos entendido errado algo, que alguém não seja tão mal quanto nos pareceu e que não pretendia nos retaliar — não, continuamos a nos sentir ofendidos, zangados. Se essa fase dura pouco tempo, segundo Ekman, não é tão problemático assim. No entanto, quanto mais ela se alonga, menos estaremos dispostos a acolher o outro.

Nos relacionamentos, quanto mais permanecemos imersos nesses sentimentos, mais envenenamos não somente o parceiro, mas também a nós mesmos. Se essa fase por muito tempo perdura e o parceiro se sente, por exemplo, cada vez mais desprezado, devemos ser cuidadosos e procurar amenizar as coisas, seguir com a maré, não mais nos deixar chegar ao limite, a nos antecipar para não apertar, acidentalmente, o botão vermelho.

Sabemos como isso é cansativo, mas faz parte da empatia amar a harmonia e a paz; é preciso tomar cuidado para que essas fases não se arrastem por muito tempo e consigamos retornar rapidamente a um estado de equilíbrio emocional, por fim reconhecendo nossos erros e cedendo se agimos mal. Isso seria uma saída construtiva para uma situação emocional difícil. A respeito disso, Thero diz que seria muito mais fácil se pudéssemos falar: "Eu sei o que você está pensando. Eu te entendo."

Em vez disso, sempre achamos que temos razão. Defender um ponto de vista em uma discussão é bastante diferente de iniciar briga. Se eu discuto para ganhar, então não se trata mais de uma discussão, porque uma discussão permite abertura de opiniões, com espírito aberto ao outro, disposição de escutar o outro. Aparentemente, é preciso deixar essa "fase refratária" para trás para que possamos abrir nossos espíritos, nossos corações e nossos ouvidos.

Os gatilhos para os sentimentos

Voltando um pouco: o que verdadeiramente desencadeia os sentimentos? À primeira vista, parece que temos *sentimentos universais*, com os quais todos podemos nos identificar. Assim, as pessoas sentem medo, por exemplo, se assistem a um acidente de trânsito ou se encontram um ladrão em seu apartamento. Além deles, há os gatilhos *individuais*. Se, em contato com alguém, nos deparamos com uma dessas reações, provavelmente teremos dificuldades em prever, compreender ou lidar com elas. É preciso, então, profunda compreensão e empatia.

> O que me assusta, e não assusta você, não me transforma em um idiota ou em um covarde apavorado.

Aqui se trata do padrão de reação emocional que desenvolvemos. E isso é bom porque nos serve de estratégias de resolução de problemas na vida e todos têm suas origens e justificativas.

Os mais frequentes estopins que desencadeiam os sentimentos, segundo Ekman, são os *impulsos emocionais automáticos*. São os mecanismos mais rápidos, de forma que são aqueles sobre os quais temos menos controle. Naturalmente que podemos aprender a lidar melhor com determinados impulsos a partir das experiências vividas, mas para a maioria das pessoas isso é um enorme desafio e só o tempo é capaz de fornecer subsídios para a questão.

Os gatilhos automáticos são bons porque nos protegem de situações perigosas, mas, por outro lado, são ruins porque nos fazem reagir emocionalmente, sem raciocinar, e muitas vezes reagimos de forma desfavorável. É certo que às vezes desejamos desligar esses impulsos automáticos, mas isso ou é muito difícil ou impossível de ser feito.

No entanto, se conseguimos raciocinar e avaliar, os impulsos automáticos podem se transformar em sentimentos positivos. Por exemplo, um comerciante que teve uma queda na venda de seus produtos pode ser levado, por seus primeiros impulsos emocionais, a entrar em pânico e achar que vai perder tudo ou empobrecer, ou pode racionalizar a emoção e se acalmar para ver que a perda não é tão séria e que em pouco tempo poderá se reerguer. A avaliação cognitiva agora adiciona um outro panorama à reação automática. Esse processo não ocorre tão rapidamente quanto as respostas automáticas, é preciso tempo, e é nesse ponto que temos que intervir nas reações emocionais e pôr nossas mentes para trabalhar, pois uma reação cognitiva dá mais espaço à mente consciente e, nesse processo, aprendemos a nos proteger de uma interpretação equivocada da realidade (Ekman, 2010).

Lembranças também funcionam como gatilhos emocionais. Lembrar de algo triste, como a morte de um ente querido ou de alguma experiência traumática, desencadeia sentimentos que julgávamos já ter superado. De repente, algo ou alguém detona essas lembranças e acontece-nos retornar a algo do passado que pensávamos resolvido, mas que está apenas adormecido em algum canto de nossas almas. Podemos avaliar esses sentimentos para ter sobre eles uma nova perspectiva. Conversar com um amigo íntimo ou com um terapeuta é sempre recomendável.

No entanto, não existem somente lembranças traumáticas em nossas vidas, podemos ver isso quando conversamos com pessoas cujos olhos brilham, todo o corpo vibra e se animam com a narrativa do que viveram — essas memórias são agradáveis e sadias e trazem alegria.

Conversar sobre nossas memórias solta as amarras dos sentimentos, mas ficar repetindo as mesmas coisas ruins que nos aconteceram pode torná-las ainda mais dolorosas. Se ficarmos sempre falando mal de nosso parceiro com os amigos, e sempre ficarmos reclamando, esse mal-estar não vai se dissolver, e sim aumentar. Se sempre resmungamos sobre nosso chefe, nunca conseguiremos considerá-lo com gentileza, e se, com o passar do tempo, persistirmos nesse sentimento incômodo, cada vez que ouvirmos falarem seu nome, ficaremos irritados.

Sobre isso, nos ensina Thero que muitas vezes é melhor não falar de alguns sentimentos, porque, de tanto serem retomados, eles podem vir a se tornar tangíveis. Então, a questão é quando se deve falar sobre os sentimentos e quando se deve reprimi-los. Porque sabe-se que quando os sentimentos não são expressos, para que possam ser elaborados, têm o estúpido hábito de emergirem lá das profundezas e se tornarem mais intensos. Sob esse aspecto, creio ser benéfico expressá-los, porque, na melhor das hipóteses, podemos contar com a empatia... Decida-se, então, usando a inteligência: falar sobre determinado sentimento faz bem ou não? Mas como responder a essa pergunta com sabedoria? A resposta está, possivelmente, ligada às nossas necessidades, e com sabedoria todos podemos aprender a ponderar: minhas necessidades são tão prementes que não consigo lidar com elas? Ou posso negociar com meus sentimentos, já que entendo que o que estou sentindo agora mais tarde pode se transformar em outra coisa? É preciso que nos conheçamos para decidir, porque os sentimentos são filhos das necessidades, como descreve Jörn Ehrlich, no V.I.E.L Coaching and Training.

É fato que, ao presenciarmos as emoções dos outros, surgem dentro de nós sentimentos que podem ser agradáveis ou não, e precisamos saber como lidar com eles. É possível que essa catarse se dê tanto em contato direto com alguém como por meio da literatura, de uma peça de teatro ou de um filme na TV. Muitas vezes nos identificamos com determinados personagens porque eles espelham sentimentos que não nos permitimos expressar. Por exemplo, algumas pessoas são fascinadas por filmes que enaltecem a violência e, como precisam reprimir seus desejos nesse sentido, identificam-se com as ações de personagens violentos de modo a satisfazer seus próprios instintos de agressividade.

Ainda outros sentimentos podem ser oriundos das aprendizagens que fazemos ao longo da vida. Uma criança cuja mãe a alça ao colo a cada vez que vê um cão se aproximar terá possivelmente medo de animais pela vida afora. Mesmo que não seja essa a intenção, nem sempre ensinamos coisas boas a nossos filhos.

Da mesma forma, quebrar regras sociais também pode funcionar como gatilho. Eu sempre me divirto quando digo à minha mãe que ela deveria ter sido policial em vez de musicista, porque ela sempre se irrita com as pessoas por não respeitarem as regras de trânsito e com outras injustiças. Com seu forte senso de justiça, reagir toda vez dessa maneira tira-lhe a paz e a harmonia. Entretanto, é importante que nos orientemos pelas regras sociais porque são elas que regulam uma boa convivência e é melhor não perdermos a paz interior e não nos abalarmos se elas são violadas por alguém.

Finalmente, mas não menos importante, quando adotamos intencionalmente uma determinada expressão que não corresponde ao que estamos sentindo, estamos nos separando de nossas almas. No entanto, há muita controvérsia a esse respeito, pois muitos alegam que isso é falta de autenticidade. Sim, é verdade, pois é perceptível quando expressamos verdadeiramente o que há dentro de nós; por exemplo, quando sorrimos com sinceridade, nossos olhos também sorriem, e é impossível controlar, a menos que se tenha treinado e se seja um ator muito bom. Porém, acredito firmemente que não apenas nossos sentimentos influenciam nosso comportamento, como também nosso comportamento influencia nossos sentimentos. Estou convencida de que se nos comportarmos com bondade e tolerância, seremos não só recompensados, mas também mais felizes. Essa abordagem é tratada enfaticamente pelo escritor Richard Wiseman, em seu livro *Machen, nicht denken!* [Faça, não pense!].

E o que fazer com os sentimentos despertados?

E agora, o que fazer com os sentimentos e emoções que foram desencadeados? O objetivo a alcançar é conhecer o que, em realidade, fez com que fossem acionados e, com base nesse conhecimento, ser capaz de mitigar sua gravidade. Já que não podemos viver sem os sentimentos, não podemos simplesmente abafá-los nem controlar se os que foram desencadeados são os que nos deixam bem ou se são os que nos deixam mal; é preciso prestar atenção e reconhecer os gatilhos que os acionaram, para melhor lidarmos com ambos. Lograrmos êxito nesse esforço fará bem não apenas para nós, mas para todos.

Do ponto de vista de Thero, isso é muito simples. Ele desenvolveu uma fórmula para nós, ocidentais, que descreve o que podemos fazer com os nossos sentimentos e emoções:

1. Há sempre um evento que antecede e provoca um sentimento, por isso devemos racionalizar se este sentimento é realmente necessário ou não. Se decidimos que não é, fora com ele! (Vocês podem imaginar a minha cara quando ouvi isso. Como assim, simplesmente, "fora com ele"!?)
2. Se decidimos que o sentimento despertado nos é necessário, então vamos usar nossa experiência e considerá-lo. Podemos nos lembrar de como foi que reagimos em outros momentos em que ele apareceu, quais sensações tivemos, o que disso decorreu. Como diz Paul Ekman, desconectar a cabeça dos intestinos para não reagir irrefletidamente.

Muitas vezes rio de mim mesma ao refletir que alguns dos meus sentimentos são absolutamente inúteis para mim.

Thero diz que o objetivo maior da vida é ser feliz e qualquer sentimento negativo na mente afasta a felicidade.

Parece muito lógico, não? Por isso é que devemos nos decidir quanto a esses sentimentos. Mas como isso funciona na prática? Thero nos leva de volta às atitudes de bondade amorosa: se eu me trato com amor e bondade, não permito que sentimentos negativos venham a me dominar. Eu simplesmente escolho não vivenciar esse sentimento. Experimente! Muitas vezes funciona.

Apelos on-line: entre vídeos de gatinhos e a pecuária industrial

Devido à enorme quantidade de estímulos a que estamos expostos hoje em dia e à rapidez com que são veiculados, muitas vezes os sentimentos provocados nos atingem apenas de forma breve e superficial. Além disso, não podemos ou não queremos nos deixar enredar profundamente por eles, porque não aguentamos mergulhar no poço das misérias deste mundo.

Quando publico alguma coisa no Facebook, por exemplo, vídeos encantadores de gatinhos, percebo sempre que as pessoas interagem muito mais, o mesmo acontece quando posto fotos de minha filha ou de meus cachorros, fotos românticas ou coisas semelhantes. Se, ao contrário, posto conteúdos relativos à preservação ambiental ou à proteção e bem-estar animal, recebo, no máximo, duas ou três curtidas e só. E sempre me pergunto por que é assim. Será porque as pessoas não têm coragem de se deixarem afetar pelos fenômenos contemporâneos? Ou porque são sentimentos tão profundos e primordiais relacionados à ameaça, ao sofrimento e morte? É por isso que não podemos ser mais receptivos, abertos a essas questões? Será que, no fim, se nos envolvêssemos profundamente com essas questões, teríamos que assumir as consequências e mudar as nossas vidas? Ou, simplesmente porque esses conteúdos são tantos que ficamos entorpecidos e desenvolvemos uma atitude de nada fazer porque achamos que não vai dar em nada?

O mundo virtual traz essa tensão. Uma grande quantidade de informações, tanto as que são essenciais, mas muito mais ainda as que são absolutamente banais.

- Sentimentos determinam grande parte de nossa existência;
- Existem os sentimentos individuais e os universais;
- Sentimentos são o que tornam a vida colorida e preciosa;
- Sentimentos são voláteis;
- Sentimentos nem sempre precisam ser expressos;
- Ao identificarmos nossos sentimentos, temos poder sobre eles;
- Podemos nos distanciar dos sentimentos negativos e dos que nada nos acrescentam;
- Sentimentos são como hóspedes, podemos convidá-los a entrar, mas também a se retirarem;
- Sentimentos são úteis quando nos fazem felizes;
- Durante a "fase refratária", nossos sentimentos nos tornam estúpidos a curto ou longo prazo;
- Empatia significa estar atento não só ao que se sente, mas também aos sentimentos dos outros.

Podemos racionalizar os sentimentos?

Empatia significa identificar e compreender os sentimentos do outro. Para isso, no entanto, é preciso primeiro um mergulho profundo em nosso mapa interno para conhecer nossos próprios sentimentos e pensamentos. Quando nos conhecemos verdadeiramente e estamos bem conosco, resulta que podemos compreender melhor os sentimentos do outro. Quanto mais amorosos conosco formos, mais conseguiremos perceber, clementes e pacíficos, o quão complexas e — por que não dizer? — complicadas as pessoas são, incluindo nós mesmos.

O ambiente deixa vestígios

Nossa persona interior recebe constantemente impressões do meio exterior. Processamos coisas em nosso cotidiano que provocam automaticamente sentimentos que vêm e vão, e que transformam frequentemente nosso estado de espírito e humor, por isso é desejável que conheçamos bem nossos próprios impulsos para lidar de forma consciente com os sentimentos resultantes das impressões a que fomos expostos. Por exemplo, estou passeando com uma amiga ao longo do rio Alster em Hamburgo, quando de repente vejo alguém que me lembra de um antigo amor da juventude. Automaticamente essa visão projeta em mim uma lembrança e um sentimento de ternura que permanece comigo por algum tempo, mas depois me lembro também do término traumático do namoro que me partiu o coração e, portanto, o sentimento se transforma em outro bastante desagradável. A partir de então, minha disposição e meu humor se transformam rapidamente. Minha amiga não consegue entender por que meu estado de espírito mudou subitamente de uma eletrizante alegria para um profundo pesar, já que, claro, não foi ela quem viu um antigo amor à sua frente. E assim, dependendo da sensação que essas impressões projetam sobre nós, nosso estado de humor se modifica e modifica também nossa expressão corporal. É preciso que eu explique à minha amiga o que aconteceu para que ela possa compreender por que de repente meu corpo lhe transmite a impressão de desânimo.

Vozes internas — ouvir a si mesmo com empatia.

Para que melhor possamos compreender esse processo, precisamos ouvir as vozes internas que imediatamente surgem ao se manifestar determinada impressão, de modo que consigamos esclarecer os sentimentos e os ressignificar. Para tal, me inspiro na *Kommunikationspsychologie* [Psicologia da Comunicação], obra que trata desse "time interno", escrita por Friedemann Schulz von Thun. Com ajuda desse método, e de minha experiência em relação à linguagem corporal (postura, respiração, impostação de voz), podemos nos conhecer melhor e colocar esse conhecimento de forma empática ao nosso favor e ao do outro.

Especialmente nas situações críticas da vida, essas vozes internas nos enviam diversas mensagens ao mesmo tempo. Cada uma delas capta os estímulos do mundo e os traduz para nós. Se não ouvirmos adequadamente essas vozes, elas se tornam apenas um murmúrio desconexo, os tais "pensamentos vegetativos", como os chamou Schulz von Thun, em uma de suas palestras em Hamburgo. Com esses ruídos na cabeça, é difícil pensar e agir com clareza. Abstraindo, poderíamos dizer que são várias pequenas partes de nossa personalidade que falam conosco e gritam suas mensagens. Algumas vezes, no entanto, infelizmente todas ao mesmo tempo.

Voltando a meu passeio ao longo do Alster, a parte romântica da minha personalidade, ao ver o rapaz que corria, lembra-se daqueles tempos maravilhosos da minha juventude. O dia está lindo, continuo conversando animada com minha amiga, meus passos estão leves e me sinto inspirada. Por outro lado, minha visão do rapaz pode acionar a representação interna da antiga mágoa e, então, me sinto triste por ter consciência de que essa pessoa não está mais em minha vida. Meu rosto demonstra tristeza, meu corpo inteiro fica tenso, a respiração superficial, a voz sem vida. Eu me sinto profundamente triste e, inicialmente, talvez não saiba por quê. Foi uma emoção muito antiga que me apanhou desprevenida. Talvez meu lado pragmático tenha sufocado esse sentimento à época e a visão do rapaz foi o gatilho para abrir brechas na barreira.

Situações como essas sempre acontecem, as vozes mais fortes do time sempre ganham; o bom é que podemos tomar uma posição a respeito e compreender que as coisas são como são, e tudo bem! E assim as vozes internas se alinham ao time e seguem juntas. Isso é possível quando se trata de coisas objetivas, técnicas, sobre as quais podemos pensar cognitivamente e responder de modo objetivo, porque não há uma segunda possibilidade. A parte mais autoritária de nós tem a coroa, as outras vozes lhe obedecem de bom grado. No entanto, se há uma escolha subjetiva a fazer, ou se é um caso especialmente complicado, que depende muito de nós, de nossas experiências e intuição, e requer uma decisão importante, fica muito mais difícil, porque entram em jogo muitos impulsos, muitas vozes clamando ao mesmo tempo.

Por exemplo, um chefe de departamento de uma grande corporação precisa decidir com qual fornecedor de serviços deverá firmar contrato, pois é um importante projeto e ele não pode tomar uma decisão errada. Ele não pode decidir impulsivamente, então conversa com os colegas, pesa, pondera e compara para ter um quadro claro da situação.

Em algum momento, chegará a sua vez de estar diante de uma situação delicada e ter que tomar uma decisão. A parte pessimista de sua personalidade irá inibir a capacidade de decisão, mas a sua parte destemida e empreendedora irá ajudá-lo a ter coragem.

Já conhecemos o cenário, uma hora é uma das vozes a nos exortar, amanhã será outra. E vamos postergando a decisão porque não sabemos qual delas deve ser ouvida. Muitas pessoas se protegem, fazendo escolhas apoiadas em números, fatos e informações, mas outras simplesmente decidem seguir seus pressentimentos. Simplificando, podemos lembrar do fenômeno tão conhecido, os famosos "anjinho e diabinho", em que cada um deles se senta sobre um de nossos ombros para nos sussurrar nos ouvidos seus pontos de vista.

Uma das partes da personalidade muito conhecida por nós é o nosso crítico interior; aquele mesmo que reclama de tudo o que fazemos, para o qual nunca fazemos nada certo, e quanto mais em destaque ele estiver, mais nos impedirá de seguir em frente. Nosso crítico interior destrói nossa autoestima e nunca está satisfeito. Outras imagens, por exemplo a da criança interna, nas terapias, ou nosso "eu mais fraco", no coaching, ilustram outros processos comuns a toda a humanidade. Dessa forma podemos desenvolver melhor o conhecimento de que isso não só está em nós, mas também em todos os nossos semelhantes.

Aliás, durante uma sessão de coaching, eu tive que descrever meu "eu mais fraco". Foi uma experiência agradável porque ele, no fim, pareceu se tornar engraçado para mim e muito mais fácil de gerenciar do que eu havia imaginado. Quem sabe vocês também gostariam da experiência?

Vozes internas são patológicas?

Se você estiver pensando que é um esquizofrênico, pode se tranquilizar. Segundo Friedemann Schulz, como seres humanos, todos somos internamente plurais, isto é, nem sempre temos apenas uma voz mental. Ao contrário, isso é precisamente evidência de saúde psíquica, explicou ele em uma série de palestras na Universidade de Hamburgo. Não significa que as vozes internas que ouvimos nos deixem em estado de confusão mental (embora muitas vezes pareça!), ao contrário, são impulsos internos, aparentemente contraditórios, que nos jogam para lá e para cá e nos fazem parecer ambíguos para o mundo exterior; essas contradições são características da espécie humana, já que há uma constante troca de pensamentos divergentes que nos fazem avaliar uma situação de tensão. Eu mesma passo muito por isso: se hoje penso que devo implementar mais o marketing para expandir meus negócios, amanhã posso achar que não vou conseguir dar conta de tudo. Quanto mais ambivalentes os pensamentos, mais nos sentimos inconstantes e inseguros conosco e com as outras pessoas, o que é muito complicado, porque precisamos de clareza para lidar com as situações e com os outros. É essencial aprender a gerenciar nossas vozes internas, entender por que procrastinamos determinadas decisões, escolher uma dessas vozes, seguir o que nosso coração nos pede e ter coragem para assumir as consequências de uma decisão errada. O fracasso também pode ser aqui trabalhado.

- As vozes internas são normais e nos pertencem.
- Elas costumam ser ambivalentes e difíceis de classificar.
- Elas representam diferentes partes das nossas personalidades.
- Conhecê-las e mudar conscientemente a perspectiva interna promove a empatia consigo e com os outros.

O que o corpo físico sabe?

Nosso corpo físico representa externamente o que acontece dentro de nós. Nossos sentimentos, impulsos e sensações são refletidos diretamente em nossos corpos, e com uma rapidez impressionante! Os batimentos cardíacos mais intensos ou menos intensos, a respiração mais rápida e superficial ou mais lenta e profunda, o suor que se manifesta, movimentos rápidos ou lentos, silenciosos ou barulhentos, vozes mais altas ou sussurros, expressões faciais, tudo isso são reflexos de nosso estado interior captados e expostos em nosso físico. Nós, humanos (curiosamente também os animais), aprendemos a ler a linguagem corporal para decodificar um determinado estado interno. Essa faculdade leva as mulheres, por exemplo, a fazerem aos homens aquela pergunta que eles adoram ouvir: "O que há com você?" A melhor resposta que eu já recebi de um homem foi: "Nada, mas como você está perguntando devo ter alguma coisa..."

O que exatamente nosso corpo traduz e como ele faz isso? Em primeiro lugar, somos seres individuais e cada um de nós tem uma linguagem própria para manifestar sentimentos. Eu acredito que os sentimentos ficam por longo tempo instalados em nossas células e se manifestam no corpo físico. Se alguém, por exemplo, experimentou repetidas vezes um sentimento de rejeição ao longo da vida, guardou em seu corpo essa sensação, e todas as vezes em que esse sentimento se manifestar, seu corpo apresentará tensão em algumas partes. As contrações se manifestam no corpo porque, para sobreviver, ele precisa lidar com o sentimento de rejeição.

> Experiências e sentimentos se manifestam em nossas células.

Muitos pesquisadores se ocuparam com essa perspectiva, a de conhecer como o corpo traduz as emoções, por exemplo, nas expressões faciais, que são confirmadamente universais, manifestam-se em todas as culturas de todo o mundo. É possível identificar, em mínimos movimentos dos músculos faciais, sentimentos de nojo, repulsa, medo, alegria, surpresa, admiração, por exemplo. Paul Ekman estudou intensivamente as expressões faciais de várias pessoas de culturas diferentes e descobriu que podemos ser treinados a identificar o significado desses micromovimentos. Tive minha primeira experiência sobre isso na palestra de uma colega, Barbara Kuster, em Hamburgo. Ela apresentou os resultados de sua pesquisa em um congresso da Associação de Treinamento e Coaching, em Hamburgo. A partir de sua apresentação, com base em critérios gerais, os participantes foram capazes de identificar, em poucos segundos, as emoções expressas em fotos que lhes foram apresentadas.

Muitas vezes me lembro dessa palestra quando vejo pessoas expressarem em seus rostos o que lhes vai por dentro, pois os rostos têm sempre o que dizer, e, desde cedo, somos mais ou menos treinados a ler as expressões das pessoas. Entretanto, quando uma pessoa não se permite sentir as emoções, obviamente não as expressa, então não há o que ser lido. A esse fenômeno, chamamos precisamente de "poker face", cara de pôquer.

Especialmente para as pessoas empáticas, esse fenômeno causa muito desconforto, já que não conseguem identificar pela expressão uma mensagem que lhes mostre o que o outro sente, o que resulta em insegurança e perplexidade, porque não é possível haver sintonia, mesmo que se tente exaustivamente. Nesses casos, para se tentar compreender o outro restam apenas a leitura corporal e a comunicação verbal.

Neurônios-espelho em ação

Uma teoria interessante, ainda que controversa, é a dos neurônios-espelho. O biólogo Giacomo Rizzolatti e o médico Vittorio Gallese, da Universidade de Parma, comprovaram que determinadas células cerebrais de macacos ficavam ativas quando percebiam movimentos humanos. Eles chamaram essas células de neurônios-espelho, que seriam responsáveis pela compreensão das ações humanas a que os macacos estavam sujeitos. Aparentemente, elas também estão presentes nos humanos, já que espelhamos as ações de outro ser humano, mesmo que não intencionalmente. Isso é particularmente fácil de observar quando temos uma boa conexão com alguém. Com certeza já vivenciamos experiências assim: uma pessoa, na nossa frente, passa as mãos no cabelo, coça o nariz, dá tapinhas na perna, e logo estamos fazendo a mesma coisa sem percebermos. Isso é, sem dúvida alguma, uma coisa bem engraçada, se prestarmos atenção. Aconteceu comigo uma vez. Estávamos eu e um colega em sua barraca numa feira, quando, de repente, percebemos que estávamos nos espelhando, ambos nas mesmas posições, um braço apoiado na mesa, uma das pernas cruzada, uma mão apoiada no quadril. Dois coaches experientes e estávamos totalmente nos espelhando e sem percebermos. No mínimo, tivemos que rir disso.

Espelhamento consciente

Se assumirmos deliberadamente a postura de outra pessoa, podemos imaginar como ela está se sentindo. Esse método é utilizado no coaching, objetivando perceber em qual estado físico e emocional o cliente se encontra em determinado momento. Como coach, por meio de sutis movimentos posturais de espelhamento, demonstro a meu cliente que não lhe desejo causar nenhum mal, além de promover que nos identifiquemos como iguais. Com isso, deixo-o à vontade, sentindo-se seguro e disposto ao tratamento.

Corpos físicos, sentimentos e pensamentos não estão separados uns dos outros. Nosso corpo reflete nossos sentimentos, e vice-versa;

dependendo de como estamos nos sentindo fisicamente, o corpo influenciará nossos sentimentos e emoções. Em sua dissertação de doutorado, minha colega e amiga Jane Bormeister investiga, atualmente, a influência que um treinamento em linguagem corporal exerce na oscilação dos batimentos cardíacos e na produção de cortisol, hormônio responsável pelo estresse. Parece que a maneira como nos comportamos em relação a nosso corpo físico tem influência direta nos nossos sentimentos, assim como o estresse emocional, como o medo de se expor publicamente, por exemplo, bloqueia a expressão corporal.

- O corpo físico expressa diretamente nossos sentimentos;
- Pessoas com reduzida expressão emocional nos deixam inseguros;
- Podemos treinar a percepção dos sentimentos dos outros;
- Podemos aprender a reconhecer o que nosso corpo nos diz;
- Quanto mais conheço minhas reações, melhor controlo meu corpo;
- Corpo e alma conversam ininterruptamente, essa comunicação não é unilateral, o corpo tem influência sobre os sentimentos e vice-versa.

Riscos e efeitos colaterais da empatia

Como já mencionado, a empatia também tem seu lado sombrio. Muitos autores sugerem, e reiteradamente enfatizam, que um excesso de sentimento de empatia não é saudável. Um sentimento de empatia exagerado, por exemplo, não leva à frente uma empresa porque não se pode dirigi-la no interesse apenas de seus funcionários; de fato, pode vir até a prejudicar, porque podem se usar da empatia para se tirar proveito de alguém. A empatia mal direcionada pode não atingir de forma adequada o propósito a que se destina, pois há o perigo de se usufruir do sentimento de empatia de alguém com o objetivo de manipulá-lo.

Por trás dessas intenções esconde-se um profundo sentimento: medo. Naturalmente que todas essas coisas podem acontecer, é claro que podemos perder o foco e há pessoas que realmente usam a empatia para manipular. Mas, nesse caso, e me questiono sempre sobre isso, trata-se de empatia no sentido pelo qual a estamos abordando?

Se uma pessoa age com segundas intenções para manipular os outros, então não se trata de empatia.

Para Jürgen Engel, treinador da Gewaltfreie Kommunikation (Comunicação não violenta), esse medo em relação ao sentimento de empatia nada mais é do que uma total falta de conhecimento do que seja realmente empatia. Em nossa conversa, ele deixa bem claro seu ponto de vista a este respeito: "Sempre me espanto ao ver que muitas pessoas ousam escrever sobre coisas de que nada entendem, nisso incluo a empatia, pois frequentemente há muito desconhecimento a respeito. Não vejo absolutamente nenhum perigo em ser empático, ao contrário, se for assim, então estamos falando de qualquer outra coisa, menos de empatia. É claro que eu posso procurar descobrir as necessidades das pessoas para lhes vender alguma coisa, para explorá-los ou traí-los, mas, a meu ver, isso não é de forma *nenhuma empatia*. Essas pessoas percebem as necessidades dos outros, mas se utilizam desse conhecimento *contra* eles, e não para o seu bem. Para mim, é preciso que a intenção seja transparente e as definições de empatia estejam bem nítidas."

A atitude interna de apreço ao outro é, portanto, uma parte essencial da empatia. Sentir o outro, compreendê-lo e a suas necessidades sempre melhor, aprofundar o contato e estreitar os laços, porém sem nunca esquecer que para uma relação de empatia com alguém é fundamental que primeiro nos relacionemos também com empatia para conosco.

Compaixão e autoestima

A compaixão que desenvolvemos pelos outros pode se manifestar de diferentes formas, e o mesmo acontece conosco, se nos protegemos e apreciamos. Da mesma forma como as pessoas são diferentes, assim também são as formas com que lidam com a empatia. É possível listar algumas das principais tendências das pessoas nesse sentido, e gostaria de lhes apresentar alguns dos tipos de comportamento:

Pessoas que administram a compaixão de forma equilibrada: Quando a autoestima e a compaixão pelos outros se mantêm equilibradas, coisas maravilhosas podem acontecer, pois podemos compreender os sentimentos e corresponder às necessidades dos outros, desde que eles não entrem em choque com nossos valores e não nos causem mal.

Embora o desejo de sermos empáticos seja forte, é desejável que este não se sobreponha às nossas próprias convicções, porque, se assim acontece, estamos indo contra nós mesmos. Dessa forma, a pessoa equilibrada é empática consigo mesma, reconhece que suas necessidades são tão importantes quanto as do outro e deve amorosamente negar-se a atender ao outro. Enquanto ela puder atender às necessidades do outro sem ultrapassar os próprios limites, ela o fará sem hesitar. Isso parece fácil, mas, na verdade, não é, especialmente nos relacionamentos íntimos, em que manter esse equilíbrio por muitas vezes é complicado. Somos relutantes em dizer *não* a nossos parceiros simplesmente por medo de irritá-los ou de feri-los. Assim, é extremamente importante observarmos ambos os aspectos e nos questionar sempre se estamos respeitando nossos próprios desejos da mesma forma que respeitamos os dos outros. Se conseguimos obter uma resposta afirmativa, certamente qualquer relacionamento será muito bom.

Pessoas que bloqueiam a compaixão: Se os níveis de autovalorização são muito altos e os da capacidade de sentir empatia são baixos, a pessoa se encontra na já descrita "zona livre de empatia". Talvez não queira se colocar no lugar do outro por medo da proximidade e de ter que fazer concessões, ou por medo de parecer fraco. Pessoas assim não conseguem sintonizar com ninguém, tornam-se inacessíveis para as que querem ficar por perto e só pensam em perseguir os próprios objetivos. Pode ser também que tenham sufocado sua capacidade de ter empatia para se proteger, pois estão muito atentas aos sentimentos alheios e correm o risco de perder sua autonomia ao se entregar a relacionamentos íntimos. Precisam, então, criar barreiras para se manterem seguras, mas com isso impedem o contato real e autêntico com os outros.

Pessoas que sentem demais: Se a autoestima é baixa e o sentimento de empatia é exagerado, as pessoas se perdem de si mesmas e do que querem na vida. Negligenciam e ignoram as coisas que lhes são importantes em favor dos outros e, a longo prazo, podem vir a sofrer muito, pois automaticamente esperam ser reconhecidas pela própria doação. Assim, tornam-se dependentes emocionais porque criam expectativas sobre os outros. Por outro lado, hesitam em tomar decisões que lhes favoreçam. Pessoas sensíveis demais têm muito medo de serem vistas como egoístas e vivem como bandeiras ao vento, oscilando sempre a serviço dos outros, acham difícil seguir um caminho próprio porque se guiam por tudo o mais, menos pelos próprios desejos. Para estarem disponíveis ao outro, preferem perder seus objetivos, mas não compreendem que o sentimento de culpa, a indecisão e a inconstância estão sempre envolvidos com a dependência.

Pessoas desamparadas: Se a autoestima e a capacidade empática estão em um nível muito baixo, as pessoas não conseguem sentir as próprias necessidades e desejos, o que se estende também, é claro, em relação aos outros. Pelo contrário, preferem não pensar no que os outros sentem para não se sentirem sobrecarregadas. Camadas e mais camadas oriundas do medo e da opressão foram se superpondo de modo a bloquear a capacidade de sentir empatia. Quando as pessoas muito cedo aprenderam que os próprios impulsos não serão satisfeitos, quando estiveram constantemente sufocadas pela camisa de força do que é certo e do que é errado, quando tiveram pais opressores que não lhes deram voz e que sempre as consideravam erradas em tudo que faziam, essas pessoas tornam-se insensíveis porque não têm confiança em si mesmas e no que sentem. São seres que sofrem e que precisam aprender a conhecer suas próprias necessidades e a si mesmos (de preferência com ajuda terapêutica) para que consigam perceber os sentimentos alheios. Precisam descobrir como querem viver e como defender suas expectativas para, desse modo, ao longo do tempo, conseguirem sentir empatia também pelos outros.

Equilíbrio entre empatia e autoestima

Em minha opinião, o equilíbrio entre a autoestima e a empatia é o ajuste essencial para garantir uma convivência pacífica, pois se ambos os parceiros estão em equilíbrio consigo mesmos e com o outro, doando-se, mas também recebendo, nada se desequilibra e permanecem unidos amorosamente. Uma vez que esse estado é alcançado, outros efeitos colaterais dele decorrem: bom humor, comunicação bem-sucedida, felicidade, gratidão, paz interior e exterior.

Se você consegue conviver com esses efeitos colaterais, relaxe e desfrute de uma união empática!

- A empatia não tem lado sombrio se a intenção de se conectar com o outro é sincera;
- A empatia permite haver um único antagonista: a autoestima;
- As próprias necessidades são tão importantes quanto as do outro, cada um é responsável pelos próprios desejos e necessidades;
- Se sinto empatia pelos outros, do mesmo modo preciso sentir empatia por mim mesmo.

2. A VISÃO OBSTRUÍDA: DEZ BLOQUEADORES DA EMPATIA

Suponhamos que a empatia fosse uma característica inerente aos seres humanos e que, portanto, não pudéssemos nos livrar dela. Como isso seria reconfortante! No entanto, atualmente, sentimos repetidas vezes que esse sentimento deve ser vivenciado com mais frequência, porque cada vez mais dele nos afastamos e, portanto, é necessário que nos deixemos tocar mais pelos acontecimentos, tornarmo-nos mais permeáveis às coisas ao nosso redor, já que para muitas pessoas é extremamente difícil sentir o que o outro sente e se dispor a ajudar. De que outra forma se poderia entender o comportamento de quatro clientes, em um banco de Essen, que simplesmente passaram impassíveis por cima de um senhor de 82 anos que estava no chão desmaiado e, sem procurar ajudá-lo, calmamente pegaram o dinheiro e saíram? Somente a quinta pessoa chamou uma ambulância. Como conseguem as pessoas ser cada vez mais capazes de ignorar o sofrimento dos outros e de se permitirem comprar um casaco feito de pele de animal? Como explicar que se possa suportar jovens sendo publicamente arrasados e humilhados na televisão enquanto todos assistem, talvez até rindo? Onde está a empatia nisso? O que nos impede de nos sensibilizarmos e nos deixarmos afetar? Por que achamos que os outros são os outros e não nos incluímos? Será que precisamos agir com total insensibilidade com nossos semelhantes para nos assegurarmos da própria felicidade?

A estrutura emocional do mundo anda de banda. A empatia permanece coberta por um véu de materialismo, egocentrismo e medo. Seja qual for o motivo, o fato é que precisamos acordar para deixar que a empatia e a compaixão prevaleçam sobre o que for necessário e para que estejam vivas na interação diária das pessoas e destas com todos os seres. Devemos para isso alargar novamente a nossa visão do mundo, estendê-la além do nosso entorno, olhar no fundo de nós mesmos para nos deixarmos tocar pelo mapa interno dos outros. Se assim o fizermos, não perderemos nada, pois não significará doar todo o nosso dinheiro ou mesmo oferecer abrigo em nosso apartamento para os refugiados (embora possamos!). "Estamos aqui para ajudarmos uns aos outros", como sempre dizia a mãe de um amigo quando conversávamos. Quão certa estava aquela senhora!

Sobre isso, diz-nos o monge Thero: "As pessoas existem para ajudar umas às outras. Essa é a principal responsabilidade dos humanos, cuidar e ajudar os outros são os valores éticos fundamentais. Para ajudar o outro, é preciso, no entanto, ajudar-se a si próprio, pois em estando bem consigo é possível contribuir positivamente para o bem da sociedade. Dar bons exemplos e ter boas atitudes inspira aos que estão a nossa volta e pode ter reflexos positivos na sociedade e nas futuras gerações. No budismo, dizemos que essa é a responsabilidade de todo ser humano, ninguém precisa nos lembrar ou ficar repetindo isso, pois a necessidade dessa atitude está simplesmente dentro de cada um de nós, na medida em que, desde sempre, é preciso conviver uns com os outros para conseguirmos sobreviver."

Se nos enxergássemos como partes de um grande todo, poderia ser divertido e prazeroso estar presente para os outros quando de nós precisassem? Se tivéssemos a sabedoria de afastar um pouco o olhar sobre nós mesmos para estendê-lo a quem precisa, poderia isso tornar nossas vidas mais fascinantes e coloridas?

Quanto mais materialismo, menos humanidade. Jeremy Rifkin escreve, em seu livro *The empathic civilization* [A sociedade empática], que se estamos economicamente seguros nos tornamos também mais empáticos. Parece lógico que, quanto menos tenho que me preocupar com minha própria sobrevivência, mais capacidade tenho para me simpatizar com as dificuldades dos outros. Além disso, Rifkin defende que a pluralidade cultural pode ser vista como uma ameaça, se não tivermos a sobrevivência assegurada. A que conclusão podemos chegar sobre isso? Que a empatia é um artigo de luxo? Que só podemos ser empáticos, tolerantes e sensíveis quando temos o bastante para nós mesmos? Consideramos que agora na Alemanha a economia e tudo o mais vai muito bem, no entanto, a mim parece o contrário, porque quanto maior poder aquisitivo as pessoas têm, quanto mais estão saciadas, menos se importam com ou pensam nos outros. Estarmos em um momento de prosperidade pode ser um impeditivo para a empatia? Na opinião de Thero, quanto mais materialistas as pessoas são, mais se afastam das características humanas. E eu acredito que seja assim mesmo.

Estabilidade financeira incita o isolamento e a segurança dentro de casa, mas certamente isso não pode ser considerado o motivo para que a empatia esteja em falta no mundo. Se a carência de empatia não está relacionada à segurança financeira do indivíduo, que necessidade nossa realmente nos impede de exercê-la? Acho que a necessidade a nos impedir está mesmo em nossas almas. Quanto maior for o impedimento, maior o nosso medo, mais egoisticamente pensamos e criamos barreiras para nos proteger, e menos estaremos dispostos a ajudar e a nos colocar no lugar dos outros. Cada um cuida e se preocupa consigo mesmo, o senso de comunidade cada vez mais perde a relevância. Cada um vive por si e para si. Estamos cada vez mais solitários, perdemos o contato verdadeiro com as pessoas, deslocamos nossas vidas para o mundo virtual e estamos sempre tristes. Além disso, quanto mais nos distanciamos das tragédias do mundo, mais ficamos indiferentes a elas, porque para nós é assustador que se tornem nossas, como se não soubéssemos dos dramas que existem à nossa própria porta.

Nesta segunda parte do livro, gostaria de explorar junto a vocês o que em nossos cotidianos nos impede de sermos empáticos. Na literatura médica são descritas doenças psíquicas que explicam a falta de empatia no comportamento que algumas pessoas apresentam. Mas serão apenas as doenças a causa para que as pessoas fechem seus olhos e seus corações? São os psicopatas e os narcisistas os responsáveis por uma sociedade sem empatia ou cada um de nós deveria vestir a carapuça?

Então, quais seriam as razões que nos fazem manter, consciente ou inconscientemente, uma limitada e estreita visão empática do mundo? Conveniência, medo, passividade, ignorância?

Em nossas conversas sobre a carência de empatia no mundo ocidental, Thero me aponta que as pessoas têm o hábito de pensar demais. A empatia está lá, ela naturalmente desperta, nós sentimos o que os outros estão passando, porque somos humanos. Reconhecemos tanto o sofrimento quanto a alegria, mas, quando estamos diante de uma situação em que poderíamos ajudar, ficamos pensando durante um bom tempo. Apesar de nos conhecermos bem, consideramos que nossas habilidades e possibilidades não são boas o suficiente, em vez disso, pensamos: eu consigo? Isso está certo? Devo fazer? Ou deixar que outro faça? O que tenho eu a ver com isso? Essas e outras questões ficam zunindo em nossa cabeça e nos deixam paralisados. O momento em que poderíamos ter agido com empatia, baseados nas nossas experiências, em nossos sentimentos e no reconhecimento das nossas possibilidades e valores, acaba passando rapidamente e o resultado é que nos arrependemos por nada ter feito, dito ou decidido. "Quando não usamos os pensamentos para tomar uma decisão sábia, em função de *conhecer a nós mesmos*, mas sim para nos tornar autômatos, então são eles uma completa perda de tempo", acrescenta Thero, sorrindo para mim. Fiquei sem saída e me lembrei de quantas vezes meus pensamentos ficaram dando voltas e voltas, desnecessariamente criando cenários que, na verdade, não existiam. Conclusão: quanto melhor nos conhecemos, mais imediatamente podemos agir com empatia.

> Devo fazer?
> Ou deixar que outro faça?

A seguir, você irá encontrar uma lista de antídotos para cada um dos bloqueadores de empatia já apresentados. São sugeridos a você pequenos exercícios de impulsos empáticos para fazer frente àquilo que bloqueia a ação empática.

O filme diário da mente

Sabe aquelas salas aconchegantes que existem nos cinemas de arte? Nas quais são exibidos filmes pretenciosos e lindos? Filmes profundos, intensos, alguns repletos de críticas sociais para desfrutarmos, mas também filmes mais vulgares, de comédia ou terror. As cadeiras são macias, forradas com veludo vermelho, e quando abaixamos seu assento, ela range um pouco, o que é compensado pelo prazer de desfrutar de uma posição visual confortável. Uma cortina de veludo vermelho está pendurada à frente da tela e, quando ela se abre, nossa empolgação aumenta, porque gostamos de nos divertir.

Pode entrar!

Vamos imaginar que exista um cinema só seu, ao qual você vá todos os dias. Entre agora na sala de projeção e observe a aparência dela. Queremos aqui fazer uma alegoria, pois não se trata de comprar uma entrada para assistir a um filme em um cinema real, mas sim para um cinema imaginário, no qual são projetados os filmes que criamos em nossas mentes, que são os nossos pensamentos, aos quais assistimos sozinhos porque ninguém pode nos acompanhar ou imaginar o que vemos ou quais os sentimentos que são despertados a partir do que assistimos. Essa sala também oferece uma saída de emergência, pela qual podemos escapar, caso as cenas assistidas sejam aterrorizantes demais para nós, porque, infelizmente, é o que muitas vezes acontece, já que nos permitimos criar filmes-pensamento que são assustadores, absurdos e supérfluos. Os filmes aos quais nos dedicamos podem ser, por vezes, angustiantes e perturbadores. Eles nos distraem do essencial e, por fim, acabamos nos perguntando por que e para que tantos e tantos pensamentos.

O filme de tragédia

Sem dúvida que podemos produzir filmes-pensamento agradáveis e empolgantes, mas o fato é que nos detemos muito mais nos que são negativos e ficamos literalmente com a mente fixa nesses pensamentos, exagerando nas nossas suposições de coisas desagradáveis. Quando isso acontece, rapidamente a visão fica obstruída e a empatia se torna impossível. Exemplificando: antes de minha viagem ao Sri Lanka, fiquei semanas a fio assistindo a meu filme mental acerca da viagem. Algumas pessoas da família também aceitaram assistir comigo e adentraram na minha sala de projeção para ver uma pequena parte de meu filme-pensamento. Foi interessante ver que alguns entraram e procuraram, de verdade, acompanhar comigo, mas outros, que eram contra essa viagem, permaneceram relaxados na antessala porque não concordaram em participar. A propósito, ambas as reações poderiam ser consideradas empáticas, mas não necessariamente são.

Mas qual era, afinal, o filme que se desenrolava em minha mente? Pois bem, depois de anos sendo mãe solo, minha preocupação era com a minha filha de 15 anos. Será que ela se viraria sozinha? Será que se entenderia com o pai? Será que se alimentaria bem? Ela estaria segura? Estaria se sentindo segura? A segunda preocupação vinha logo em seguida: nosso cãozinho sentiria muito a minha falta, por ficar tanto tempo fora? Vocês podem se admirar, mas também os animais, que estão afetivamente integrados à família, podem ser causa de nossa preocupação. Pois bem, ele se alimentaria? Ele se sentiria bem, poderia fugir por algum descuido, seria mordido, ficaria completamente perdido sem mim? Claro que isso tudo é baseado em uma certa arrogância e prepotência, não? Por que tudo teria que se transformar num caos se eu não estivesse por perto?

Bom, não parou por aí, o meu filme mental foi muito mais longe: e se o avião caísse, se eu me perdesse no aeroporto, se perdesse o horário para o voo de conexão? Será que eu aguentaria essa nova jornada de vida, ou a comida de um país tão diferente?

Como podem ver, o filme mental pode tomar proporções inacreditáveis e, se eu contasse para alguém isso tudo que vinha na minha cabeça, no meu filme mental, o resultado, no mínimo, seria me considerarem muito louca. No entanto, a reação das pessoas mais próximas se dividiu entre surpresa e compreensão, e acalmou meus pensamentos negativos. O fato é que, raciocinando claramente, tudo ficaria bem, ninguém passaria fome, ninguém se perderia, como mulher adulta eu saberia me cuidar em um país estrangeiro e o avião, bem, isso poderia acontecer, mas era altamente improvável.

Então, qual foi o filme que eu criei repetidas vezes? Filme de tragédia. E essa é a primeira forma de manifestação do filme mental, nesse gênero concentramos todos os nossos pensamentos de futuro e nos apavoramos por coisas que ainda não aconteceram. Não há bom senso nisso, pois, se nos antecipamos a imaginar o que poderia acontecer, não estamos mais vivendo no presente, no entanto, saber disso é uma coisa, mudar é outra.

Filme de terror: Blockbuster no filme mental!

O filme noir

Tenho uma amiga que vê apenas o lado sombrio das coisas, isto é, ela é especialista em pessimismo. Essa forma de filme mental se assemelha ao filme de tragédia, porque também trata apenas das coisas que preocupam, mas vai tão mais longe e tão mais profundo que as ideias parecem fatos. Certo dia, estávamos a caminho de assistir a um show e ela passou todo o trajeto afirmando que chegaríamos atrasadas porque o centro da cidade estaria lotado de carros, que com certeza o trânsito estaria na hora do rush e certamente, com tantos carros, haveria um acidente no caminho que nos impossibilitaria de chegar ao concerto e, mesmo que chegássemos, não haveria lugar para estacionar porque com certeza as filas seriam longas, por isso era fato que chegaríamos depois do ato de abertura...

É claro que chegamos a tempo, encontramos fácil estacionamento, pudemos entrar na sala calmamente e assistimos a um fantástico concerto, inclusive a abertura.

Fica bem claro para nós quão negativas essas sequências de pensamentos podem ser, porque elas nos tiram da realidade do agora e projetam um futuro sombrio que nos suga a capacidade de raciocínio de tal forma que é bem possível que aconteça mesmo um acidente ou que até mesmo nos percamos no caminho.

O filme ruminante

Há uma outra forma de filme-pensamento que poderia ser comparado a um animal, especificamente a um animal da espécie dos ruminantes. Estão nessa categoria as pessoas que ficam remoendo as coisas eternamente, mesmo que já tenham passado ou se transformado. Assim essas pessoas tomam um comentário inofensivo de um colega por um ataque pessoal ou um olhar enviesado do chefe por um olhar mal-intencionado. O ruminante digere lentamente, revira e revira as coisas, muitas vezes, voltando-as contra si mesmo para fortalecer sua opinião de tal forma que ninguém tem a mínima chance de mostrar que há um mal-entendido, ninguém pode mais modificar o roteiro que está em sua cabeça, e qualquer objeção a ele torna-se uma luta entre egos, uma disputa para ver quem tem razão. Mas vale a pena que se espere um pouco, até que o filme termine (com algum esforço e uma paciente discussão) para que se encontre um consenso.

O thriller psicológico

O gênero de filme mental a que chamo de thriller psicológico é aquele em que são tiradas conclusões precipitadas e injustas sobre as pessoas. São thrillers de ação misturados com pitadas de thrillers psicológicos, na verdade. Neles, a violência vem em primeiro plano e os pensamentos decorrentes são também violentos. Em seu livro *Sempre pode piorar ou a arte de ser infeliz*, Paul Watzlawick relata a impressionante história do homem e do martelo: um homem precisa de um martelo e, como não possui um, resolve ir até o vizinho para pedir-lhe emprestado. Logo lhe vem a dúvida: "E se o vizinho não quiser me emprestar? Ontem ele me cumprimentou tão friamente! Mas talvez estivesse com pressa. Talvez ele tenha fingido que estava com pressa porque não queria falar comigo. Com certeza ele tem alguma coisa contra mim! Mas eu nunca fiz nada a ele... Ele deve ter imaginado alguma coisa! Se alguém me pedisse uma ferramenta, eu atenderia prontamente. Por que ele não faria o mesmo? Como é que pode, afinal, um semelhante recusar um favor a outro? Gente desse tipo envenena a vida de qualquer um! E ele ainda acha que eu dependo dele, só porque ele tem um martelo. Para mim já basta!" E bate com violência na porta. O vizinho abre e, antes que possa desejar um bom dia, o homem grita: "Pois fique com seu martelo!"

Essa é uma história que nos mostra claramente que, quando estamos com raiva, podemos nos precipitar e fazer julgamentos injustos sobre as pessoas, sem que nada elas nos tenham feito. Os pensamentos vão se acumulando, seguindo-se uns aos outros, e tudo é interpretado negativamente. Criamos um cenário do qual o hipotético oponente não faz a menor ideia. A projeção da falta de confiança em si mesmo e de uma autoimagem negativa é motivo para a criação de um filme mental como esse, pois desconfiamos das pessoas e achamos que elas nos querem mal. No entanto, esse tipo de filme mental não aconteceria se lidássemos com as pessoas sem preconceitos, já que não temos ciência dos reais motivos de seu comportamento. É assustador quão negativos esses tipos de filmes mentais podem ser e o quanto de mal podem causar. Empatia e uma imaginação positiva sobre as necessidades e os motivos do outro não têm lugar nesse tipo de cenário.

Todos esses gêneros de filmes (e eu sei que existem ainda muitos outros) estreitam tanto a visão que apenas o ego controla nossos pensamentos, o que só pode fazer com que tudo na vida dê errado. Se o parceiro chega mais tarde em casa, a namorada acha que é porque não quer vê-la, já imagina que ele foi ao cinema com outra; o amigo está zangado porque não abrimos a porta para ele na semana passada, os colegas de trabalho estão tensos porque dissemos algo errado naquela reunião... em última análise, sempre os pensamentos negativos girando apenas em torno de um tópico: fazermos infelizes a nós mesmos.

Os filmes desse tipo só causam sofrimento, e nós os criamos voluntariamente e, pior, os achamos reais, como se o engarrafamento no trânsito existisse só para nos chatear, porque tudo, absolutamente tudo, sempre está contra nós. Ponto!

Já perceberam o quanto são infantis esses pensamentos? Ou somos tão onipotentes que tudo desmorona sobre nós ou somos as eternas vítimas porque todos querem nosso mal. E o que fazer a respeito?

Antes de começar a pensar (positivamente) numa solução, vamos ver se existem bons filmes-pensamento. E eu digo que sim! E eu os adoro!

O filme onírico

Em primeiro lugar, há o que eu chamo de filme dos sonhos, os filmes românticos.

Quando eu tinha 12 anos e me sentia entediada, irritada ou simplesmente sentia que ninguém me dava importância, começava a sonhar acordada, o que significava um encontro com meu ídolo, Morten Harket, vocalista norueguês da banda de rock A-ha. Se alguém já assistiu às minhas palestras sobre performance de voz, sabe o quanto a voz dele impactou no que faço hoje. Depois disso, em 2006, em uma entrevista, ele me inspirou a pensar na profissão, além dos limites estabelecidos, ao relacionar a voz com crenças repressoras. Mesmo com o passar dos anos, esse lado profissional dele me fascinava cada vez mais. Mas, acima de tudo, aos 12 anos, sem dúvida, além de sua maravilhosa voz, o que mais me encantava nele era definitivamente sua aparência. Eu estava apaixonada e tinha certeza de que era o homem com quem queria me casar. E pensava assim, repetidas vezes, em meus devaneios. Como num filme de Hollywood, em algum lugar, nos deparávamos casualmente um com o outro, eu o ajudava a sair de uma enrascada ou simplesmente conversávamos por horas a fio. Nossos olhos se encontravam, rostos se aproximavam e (música de violinos) final feliz! Seu rosto ia se aproximando do meu e então ou minha mãe entrava no quarto ou meu dever da escola me esperava. E lá se iam meus sonhos! Mas, voltando ao meu estado de devaneio, enquanto eu sonhava, havia um sorriso em meu rosto, eu estava alegre, feliz. Os devaneios agem assim sobre nós, eles trazem um pouco do encantamento de Hollywood para o cotidiano e, claro, não precisa haver um Morten Harket em nossos sonhos. Nesse ponto, uma experiência agradável com seus entes queridos, um feriado maravilhoso, a lembrança de um amor do passado (só as felizes!), o pensamento numa refeição deliciosa, a alegria de planejar algo para as próximas férias (se não for uma acomodada, como eu) — o conjunto desses pensamentos é muito bom para se devanear e, se nos encontrarmos mal diante das tragédias em nossos filmes mentais, será vantajoso passarmos a considerar sua contraparte. Os filmes oníricos permeiam tanto o futuro quanto o passado e o presente, e o fato é que eles nos fazem sorrir, aquecem nossos corações, nos deixam com um friozinho na barriga, ou, no mínimo, nos fazem leves e felizes. Entretanto, não têm longa duração porque não são reais, assim como os filmes negativos também não o são.

> Sessenta mil pensamentos cruzam nosso cérebro todo dia!

Assim, os filmes que projetamos em nossas mentes podem influenciar positiva ou negativamente nosso estado emocional. Se estivermos alerta, poderemos, de certo modo, controlar se nossos pensamentos nos deixam tristes ou alegres. Se me perguntarem qual das variantes apresentadas deve ser escolhida, eu diria que a da serenidade, a que nos deixa leves, mas, em última análise, é a versão que nos coloca na realidade, sem invenções, sem encenar ou repetir qualquer tipo de filme mental, porque o que pensamos insistentemente deixa rastros no cérebro. Quanto mais pensamos em algo, mais impregnado isso fica no cérebro e mais acreditamos, e assim a antiga chama entre os amantes se transforma em briga, o chefe mal-humorado, em monstro, e o antes melhor amigo, em uma besta. E o pior é que acreditamos nesse lixo todo ainda mais. Esses péssimos pensamentos são criados por nós mesmos e só nos trazem sofrimento. Se acreditarmos nas pesquisas, temos cerca de 60 mil pensamentos por dia, e isso é muita coisa. São assustadores os números apresentados a respeito disso na internet, mas, infelizmente, não há estudos válidos a respeito.

Teoricamente, teríamos:

- 3% de pensamentos construtivos e úteis que ajudam a nós e aos outros;
- 25% de pensamentos destrutivos que prejudicam a nós e aos outros;
- 72% de pensamentos voláteis e insignificantes, mas que têm impacto sobre nós.

Se isso se confirma, significa que gastamos 25% de nosso dia convivendo com pensamentos negativos! E apenas 3% dos pensamentos nos colocam um sorriso no rosto. É dramático tanto desequilíbrio!

Não sou muito entusiasta desse tipo de pesquisa, especialmente quando não há uma comprovação que lhe dê validade, mas, mesmo que essa informação esteja apenas em parte correta, é hora de monitorar nossos pensamentos e os consequentes filmes-pensamento!

Rota de fuga

O que podemos fazer, então? Estamos predestinados a repetir eternamente esses tipos de filmes mentais destrutivos? Eu penso que não. Nós temos sobre nossos pensamentos muito mais poder do que acreditamos, mas para isso é necessário praticar e, acima de tudo, sermos disciplinados.

1. **Determine em qual tipo de filme você está.** Trata-se de um filme que o mantém no passado ou no futuro? Ele provoca medos ou ansiedades, e, se sim, quais? Faça, então, um pequeno inventário deles para concluir que isso é um filme mental, já que há muitas pessoas que não percebem que estão trabalhando atualmente como cineastas.

2. **Observe a sala.** Em que lugar da sala do cinema você está sentado? Muito próximo de onde se desenrola a ação? Ou no meio da sala, onde o filme o toca, mas está tudo sob controle? Se você se sentir bem ao assistir a seu filme mental, pode continuar sentado, mas se estiver se sentindo desconfortável, simplesmente levante-se e saia. Ou será que você está sentado próximo à tela, onde as pessoas estão ao seu alcance? Qual a sensação de estar com essas pessoas? Você se sente bem ou se sente suar frio? Tem palpitações e

percebe sua respiração ofegante? Então é hora de fechar a cortina, simplesmente levante-se, pegue-a e puxe com força, pois, quando estamos tendo problemas com o nosso filme principal, está na hora de interrompê-lo. Puxar uma cortina imaginária nos ajuda a sair de uma situação que nos atormenta e a seguir mentalmente por novos caminhos. Se você ainda quiser continuar a assistir, também pode se sentar bem mais atrás. Manter um distanciamento do que está vendo é uma ação inteligente também, porque agora você pode ser um espectador neutro e, sendo assim, pode decidir se acredita nesse filme, se quer dar mais atenção a ele, se o que nele acontece é verídico, se ele o sensibiliza. Se quer continuar, então analise o que ele tem de bom para lhe mostrar ou conscientizar e o que de proveitoso ele tem para oferecer.

3. **Troque conscientemente o filme mental negativo por um positivo.** Quando você tem uma reunião marcada com seu chefe e seus pensamentos ficam interminavelmente dando voltas na cabeça, porque você quer deixar claro para ele que merece um aumento salarial, já que se dedicou muito mais do que o colega que está na empresa há apenas seis meses e que ganha mais do que você... Pare! Nada disso faz sentido. O que você deve fazer é manter o foco e se orgulhar do sucesso do que realizou, reconhecer e fortalecer-se com os bons resultados do que conseguiu nos últimos anos. Se você tiver orgulho do que fez, não é preciso esclarecer nada nem se lamuriar ou justificar. Trocar conscientemente os pensamentos negativos pelos positivos produzirá um estado de serenidade e autoconfiança que lhe permitirá expor suas reivindicações com calma e sabedoria.

4. **Se os filmes mentais não têm fim, fale sobre eles ou escreva-os.** Vamos imaginar uma situação como exemplo para ilustrar esse tópico: eu tenho medo de que meu parceiro se encontre com uma

antiga paixão. Eu me sinto desamparada porque não a conheço e me dá um frio na barriga saber que os dois se encontram. Talvez ela ainda queira algo com ele. Ela é muito bonita e isso é muito complicado para mim.

Uma atitude adequada para isso é expressar esses pensamentos. Se o outro entender o que se passa com você, poderá aplacar seus medos. Num relacionamento saudável, isso tem que ser possível.

Em última análise, porém, somos nós mesmos que devemos nos libertar dos filmes negativos que giram em nossas mentes. E uma maneira para que isso aconteça é verificar a veracidade deles. Em nosso exemplo acima, a namorada poderia se perguntar se há um perigo real, talvez fazendo uma avaliação do comportamento do parceiro. Se ele diz com frequência que a ama, se tem estado sempre presente e levado seus sentimentos a sério, ela percebe que seus medos são possivelmente infundados. Na verificação da realidade, afasta-se a imaginação perniciosa e o filme mental negativo é interrompido.

Caso não seja possível essa abordagem, escreva num papel o que sente e o que pensa, anote tudo que lhe vier à cabeça, pois cada detalhe é importante. Depois de pronto, volte a ler como se estivesse assistindo a um filme. Analise com cuidado e vá retirando dele tudo o que julgue não verídico ou tudo aquilo que é prejudicial. Por esse método, é possível distanciar-se das emoções que negativamente influenciam o julgamento. Do que restar no papel, você poderá separar as partes a que precisaria dar realmente mais atenção.

5. **Mude a perspectiva!** É preciso analisar o quanto seus pensamentos são apropriados ou produtivos. É válido pensar em como se sentiriam os protagonistas, caso soubessem de suas inseguranças, medos, suposições. Por exemplo, será que seu parceiro não

se sentiria mal, se soubesse da sua falta de confiança nele? Será que seu chefe já não o tinha colocado na lista para receber um aumento salarial e não o fez porque você fala demais?

6. **Perdoe-se pelos pensamentos ruins.** Sofrer e condenar-se pelos pensamentos ruins ou desagradáveis tende a fortalecê-los ainda mais. Quanto mais os julgamos e condenamos, mais os protagonistas entram em cena e se fazem ouvir. Permita-se, então, liberar suavemente essas imagens internas, imagine torná-las cada vez menores para que seja difícil reconhecê-las e para que você perceba o quanto são irrelevantes em sua vida.

Sem dúvida que nossos filmes mentais, principalmente os trágicos, têm uma grande capacidade de impacto em nossas vidas, já que somos nós mesmos que os produzimos: escrevemos o roteiro, decidimos a duração e a intensidade, escolhemos o cenário, selecionamos os atores, o drama e a mensagem que eles nos querem passar. Portanto, se achar que eles o deixam infeliz e atormentam, mude-os! Porque um filme mental que se repete e nos faz mal, impede um olhar empático tanto para dentro quanto para fora de nós.

Impulsos empáticos

AFIRMAÇÃO: *Eu assisto a meu filme mental, e, se me sinto mal, apenas me mudo de lugar e assisto a ele bem de longe, assim os absurdos ali presentes não me incomodam mais.*

- Criamos repetidas vezes filmes mentais que vão se desdobrando em outros e outros, eternamente;
- Esses filmes têm diferentes características e, na maioria das vezes, são negativos;

— Quanto mais nos detemos nos filmes trágicos, mais eles ganham poder sobre nós;
— Sonhar acordado e criar imagens felizes são condições para um filme mental positivo. Se praticarmos com afinco, teremos a chance de nos sentir melhor.

Egoísta ou narcisista?

Os filmes mentais tratam unicamente de uma coisa: nós mesmos. Quanto maior e mais desequilibrado for o ego, mais difícil será reagir com empatia, pois acreditamos que tudo de ruim que nos acontece tem relação com o que os outros fizeram ou deixaram de fazer. No entanto, é o egocentrismo que nos bloqueia o olhar sobre o mapa mental dos outros.

No que diz respeito à autoempatia, questionamos já e enfaticamente até que ponto o "eu" precisa ser alimentado e a tendência atual em se manter o foco centrado no ego. A geração Y, ou *Millennials*, pessoas nascidas entre 1980 e 1994, tem a reputação de ser egocêntrica, imprudente e de apenas agir em benefício próprio. Também são supostamente características dessa geração o narcisismo e a incapacidade de se relacionar, ou, dito de outra forma, o medo do compromisso. Entretanto, esses julgamentos devem ser analisados criticamente e não podem ser generalizantes, porque, por exemplo, continuo a encontrar pessoas que são muito conscientes e impactantes nos grupos dessa faixa etária com os quais trabalho e que absolutamente não podem ser associadas a essa descrição.

Seja como for, parece que as pressões de uma sociedade competitiva, maiores exigências na vida, a globalização e, por último, mas não menos importante, o mundo digital foram garantias para que as pessoas adotassem tendências manipuladoras, agressivas e antissociais, que, por sua vez, conduziram a uma mudança radical, e todos podemos ver claramente isso em todas as relações sociais. O *"Homo oeconomicus"* antagoniza o *"Homo empathicus"*. Hoje, são muito maiores as exigências da vida, da mesma forma como o são nos relacionamentos, exigências as quais as empresas estão cada vez menos dispostas a cumprir.

Onde fica a empatia, se tanto egocentrismo e egoísmo imperam? Nós nos perdemos de nós mesmos por causa disso? E, se sim, seria possível interromper esse processo? O que poderia ser feito a respeito?

Há remédio para egocentrismo?

O altruísmo, em contrapartida, é completamente oposto ao egocentrismo e ao narcisismo, porque é uma atitude de ajuda e de doação, sem que se espere nada em troca. As atitudes altruístas representam estar atento às necessidades dos outros e agir sem reservas. Nada esperamos em retorno pelas ações altruístas, mas ver e sentirmos a alegria e a gratidão do outro sem dúvida é o melhor presente que poderíamos receber. Será que esse presente teria força suficiente para aplacar um pouco as atitudes egoístas?

Quão importante para nós são as atitudes altruístas?

Veja, podemos percebê-las nas atitudes daquele que ajuda uma mãe com seu carrinho de bebê, ou daquele que se abaixa para pegar e devolver algo que alguém deixou cair, e ainda naquele que mantém a porta aberta para que outros passem e naqueles que oferecem seu lugar nos transportes aos mais idosos. E podemos nos perguntar: o que eles ganham com isso? Talvez um sorriso — se tiverem sorte. Entretanto, nesse milionésimo de segundo, o tempo que dura um sorriso, é que podemos nos sentir valiosos por nossas ações altruístas. Sentir que pudemos ajudar não só nos causa alegria, mas também faz com que nos sintamos úteis, porque faz parte do ser humano sentir-se necessário. É por isso que há vozes que dizem que ninguém ajuda ninguém sem querer algo em troca. No entanto, nesses pequenos momentos é que sentimos o outro, tanto quanto a nós mesmos, e, de alguma forma, isso aquece verdadeiramente nossas almas muito mais do que as "curtidas" nas redes sociais, pois essas são egocêntricas e fugazes.

Há alguns dias, assisti a um vídeo no Facebook em que três maratonistas, próximos à linha de chegada, interromperam a corrida para ajudar a uma mulher que mal conseguia ficar de pé sozinha. Eles a carregaram e a retiraram da pista, desinteressadamente, e com isso perderam, naqueles poucos segundos, a chance de ultrapassar a linha de chegada. Sua ambição não foi mais importante do que ajudar aquela enfraquecida mulher.

Fiquei emocionada com esse vídeo e o compartilhei prontamente. Esse tipo de atitude desprendida e voltada para o bem é do que precisamos em nossas vidas. Acredito que muito mais dessas atitudes acontecem sem que tenhamos conhecimento. Devemos olhar a nossa volta para reconhecê-las e nos dedicar a ter atitudes de pura bondade, nos percebermos como seres altruístas e nos regozijarmos por isso.

Cada momento que agirmos com bondade será um presente para o mundo.

Vamos continuar a nos inspirar e regozijar com situações que falam de bondade! Sempre procuro viver essa experiência. Se sei que há alguém que raramente sorri, desafio tanto a mim mesma quanto a pessoa em questão.

Faço minhas compras em um supermercado cuja atendente no caixa é particularmente mal-humorada. Quando estou lá, estabeleço que vou fazê-la sorrir pelo menos por uma vez. Não ganho nada com isso, exceto que consigo fazer com que, por poucos momentos, a rainha do gelo fique feliz. E acontece! Isso vale a pena para mim.

Os limites do altruísmo

Naturalmente que há também limites para o altruísmo e esses vão até onde começa o autoabandono. Na geração de meus avós, esperava-se que as mulheres fossem subordinadas a seus maridos. Era consenso. Assim viveu minha avó; ela submeteu-se a seu destino sem questionar. Viveu em total abnegação, cuidou devotadamente de meu avô e ainda viveu assim por muitos anos, mesmo após a morte dele. Podemos objetar: ela foi feliz, não? A verdade é que ela não tinha escolha, porque as atitudes daquela geração foram condicionadas a fortes crenças e a uma grande humildade.

Apesar disso, não acredito que ela tenha sido realmente feliz por ter sacrificado os próprios sonhos. Minha avó sempre desejou ser artesã profissional e vinha-lhe lágrimas aos olhos sempre que falava nisso. Nessas ocasiões, eu podia ver claramente quanta nostalgia havia em sua alma por não ter realizado seus anseios. Eu podia ver o quanto ela se sentia plena quando tricotava para mim, para minha irmã e primos, ou quando nos ensinava a bordar. Eu adorava aqueles momentos, quando ela se sentava em sua grande cadeira e mostrava como tecer pacientemente os fios em padrões delicados. Infelizmente, não demonstrei muito talento para isso, hoje só sei fazer uma carreira de fios e mais nada.

Hoje em dia, felizmente, a questão da subordinação entre cônjuges já não é assim — ambos os parceiros podem se realizar e nenhum deles precisa se anular em função de servir ao outro. No entanto, essa se torna uma outra questão, pois aí pode estar o "eu" novamente como centro dos relacionamentos, em constante tensão com o mundo exterior. Não é nada fácil redefinir-se para se encaixar nas demandas desta época.

Narcisismo — uma necessidade ou uma palavra em moda?

Deixe-me desatar ainda alguns nós do termo *narcisismo*. A palavra é naturalmente usada com diferentes significações, mas existe uma grande diferença entre o narcisismo saudável (que todos temos e devemos ter!) e o narcisismo que surge como transtorno de personalidade. Essa última forma é facilmente reconhecível porque, geralmente, o narcisista é charmoso, expressa-se muito bem e é muito simpático, o que faz com que ele atraia e encante facilmente as pessoas. A verdadeira personalidade narcisista se apresenta mais tarde no comportamento, especialmente nas relações mais íntimas, pois nelas há proximidade e mais profundo contato.

A maioria das pessoas considera o narcisismo como uma exagerada vaidade. A vaidade, certamente, é uma das características do narcisista, entretanto há ainda outras, como a incapacidade de aceitar críticas, a necessidade constante de reconhecimento, a desvalorização e o menosprezo pelas necessidades alheias e o considerar-se infalível. Além disso, os narcisistas têm pouquíssima capacidade para refletir sobre seu comportamento, sendo um distúrbio de personalidade normalmente decorrente de uma baixa autoestima estabelecida na infância. O narcisista não tem a capacidade de sentir empatia, isso significa que foram criadas couraças tão rígidas que tornam impossível que a empatia se estabeleça. Pessoas que possuem características predominantemente narcísicas estão todo o tempo defendendo-se de supostos ataques dos outros porque, já que se consideram o centro de tudo e são incapazes de reconhecer seus comportamentos, tomam qualquer coisa como um ataque pessoal. Portanto, como é possível que ali possam florescer sentimentos?

Acredito que seja inerente ao narcisista a possibilidade de sentir empatia, isto é, a faculdade de perceber os sentimentos do outro, talvez até mesmo em alto grau, porque muitos que apresentam essa personalidade são muito sensíveis, já que captam com facilidade bastante o que está acontecendo ao seu redor, porém sua interpretação é diferente do que se poderia esperar, pois enquanto as pessoas genuinamente empáticas procuram ajudar e entender e mostram efetivamente a compreensão pelas necessidades dos outros, o narcisista projeta os sentimentos das outras pessoas, tomando-os como se fossem ataques pessoais. Esse processo acontece inconscientemente: o narcisista ouve como se fossem críticas a ele cada demonstração de insatisfação ou infelicidade de outra pessoa. Como o mundo gira ao redor de seu próprio umbigo, ele irá se defender com unhas e dentes, fortalecendo suas couraças ainda mais. Então, já não se trata de compreender as dificuldades alheias, mas sim de se acobertar. Assim, diante de alguém que diz não estar bem, ele ouvirá uma acusação de ser o motivo por trás do sentimento do outro. Isso pode dificultar bastante a vida de quem abre honestamente o coração ao outro para pedir ajuda, pois "eu não me sinto bem" é traduzido como "você está fazendo algo errado, você é incompetente". Esse significado reverso das coisas complica o relacionamento com um narcisista. Em casos mais graves, há também a possibilidade de jogos de manipulação. A convivência com um narcisista exige muita compreensão e paciência, e o melhor que se pode fazer é manter-se equilibrado e em segurança.

Acredito que em toda personalidade narcísica há, como em todos nós, sentimentos dos quais não gostamos, mas também uma grande carência e enorme solidão. Não é sem razão que relacionamentos com pessoas narcisistas resultem em insegurança, desequilíbrio e frustração para seus parceiros, e muitos anos de convivência com um companheiro narcisista pode produzir traumas severos.

Portanto, a empatia em casos assim deve ser vista com muita cautela, pois muitas vezes deveremos recorrer ao amor-próprio para que ele nos guie. Devemos nos questionar, nesse tipo de parceria, se ela nos inspira a que sejamos nós mesmos, se nos sentimos realmente amados ou se precisamos o tempo todo tomar cuidado com o que dizer ou fazer. Para qualquer pessoa que esteja num relacionamento com um parceiro que apresente esse tipo de distúrbio de personalidade, é extremamente importante manter-se independente e estar sempre atento aos próprios anseios e necessidades.

Impulsos de empatia

AFIRMAÇÃO: *Meu egoísmo é saudável desde que não cause mal a outrem. Se causo mal a alguém, então devo reconsiderar.*

— Tome, conscientemente, a decisão de fazer bem a alguma pessoa, pelo menos uma vez por dia. Não estou falando dos filhos ou do parceiro, a quem automaticamente ou por necessidade sempre fazemos. Estou falando das pessoas que cruzam diariamente nosso caminho, os conhecidos, amigos, passantes.
— Se você tiver aquela sensação de "E eu?", pergunte-se o motivo de ter se negligenciado e o que pode fazer a respeito.
— Pergunte-se se o que está fazendo por si mesmo corresponde de fato aos seus valores ou se está fazendo por dinheiro, reconhecimento ou autoafirmação.
— Em contato com pessoas de personalidade marcadamente narcisista, fique atento! Jamais perca a empatia por si mesmo. Não seja vítima de jogos de manipulação: estabeleça limites!

A eterna busca pela felicidade

O que realmente pode nos deixar felizes é uma incógnita. Para uns, é o dinheiro, para outros, o parceiro ideal. Ainda para algumas pessoas, é ter o filho desejado, para outras, possuir a própria empresa, e, para muitos, um punhado de arroz. E há aqueles cuja própria felicidade é a felicidade dos outros. Afinal, o que é a felicidade? É um estado que se mantém, é uma meta a ser alcançada no futuro, é o agora, é o devir? O que é realmente?

O psicólogo e escritor Tim Kasser, em sua obra, distingue a felicidade em intrínseca e extrínseca. A felicidade extrínseca seria aquela que estaria fora do Ser, relacionada ao mundo exterior, ou seja, dinheiro, status, poder. Kasser demonstra no documentário *Happy — Você é feliz?* que as pessoas que perseguem esses caminhos para alcançar a felicidade são pessoas que não estão em paz consigo mesmas e são mais propensas à depressão.

Por outro lado, a felicidade dita intrínseca consiste no desejo pelo crescimento pessoal, no estabelecimento de relações saudáveis e próximas, no desejo de ajudar os outros e em tornar o mundo melhor. Portanto, a empatia nos torna mais felizes, ela é uma parte de nossa felicidade pessoal. Assim escreve Dalai Lama em seu livro *Uma ética para o novo milênio*: "Pois se estamos certos em nossa suposição de que qualidades como amor, paciência, tolerância e perdão fazem a felicidade e se também for verdade que 'nying je', a compaixão, como tenho definido, é tanto um pré-requisito quanto um fruto dessas qualidades, *então quanto mais nos importamos com os outros, mais cuidamos de nossa própria felicidade.*"

E ele continua:

"Quanto mais queremos realmente ajudar os outros, mais força e autoconfiança desenvolvemos em nós e mais profundamente experimentamos a paz e a felicidade."

Isso é bem interessante, não? Nós cuidamos dos outros e, em troca, somos felizes. Dedicamos aos outros nossa atenção, nossa compaixão, e, com isso, mais fortes nos tornamos. Isso nos impulsiona a cuidar dos outros e é um caminho para fortalecer a autoconfiança, o que não acontece quando perseguimos as conquistas materiais.

A felicidade extrínseca produz apenas uma alegria limitada — com certeza já conhecemos o ditado "dinheiro não traz felicidade". Em princípio, ter dinheiro nos faz viver melhor neste mundo, não há dúvida disso. Quem dentre nós não deseja uma liberdade financeira? Se fizermos essa pergunta a quem vive nas ruas, certamente a pessoa nos dirá que, se tivesse dinheiro, melhor seria sua sorte e mais feliz seria.

Por outro lado, se continuamos a pensar em todas as coisas externas que nos fariam felizes, automaticamente perdemos a visão de todas as outras coisas que possuímos e que conquistamos na vida, coisas das quais nos orgulhamos e pelas quais com certeza temos que ser gratos. Na realidade, não nos sentimos felizes com a eterna busca pelo próximo carro, pela casa suntuosa ou pelos sapatos mais caros. Por quanto tempo essa felicidade duraria? Quanto dinheiro é capaz de fazer a felicidade e quanto mais deveremos ganhar para isso? Quanto mais seria preciso para que nos sentíssemos finalmente felizes? O poder aquisitivo das pessoas de todo o mundo tem aumentado nas últimas décadas, no entanto isso não as tornou mais felizes, então algo está errado com a concepção de uma felicidade fundamentada no materialismo.

Além disso, a procura da felicidade no mundo exterior pode nos fazer tremendamente solitários, pois os egos buscam satisfazerem-se a si mesmos, e muita individualidade nos separa dos outros e faz com que cada um siga uma estrada de mão única. No entanto, a felicidade é uma atitude em relação à vida que faz surgir um profundo contentamento. Sobre isso, eu e Thero, o monge budista do Sri Lanka, conversamos sentados em meio a inúmeros ruídos de animais selvagens da floresta, ouvindo o canto estridente dos exóticos pássaros. À volta do templo e em torno de nós corriam cães selvagens, um deles rolando satisfeito nas areias sob o sol. Bebíamos chá de graviola, que, segundo Thero, possui propriedades medicinais incalculáveis. Ele me contou: "Quando a chuva de ouro vem, os seres humanos não param de desejar, isso está nas bases da humanidade, como se estivesse em nossos genes. É como uma escada em que se tenha que subir sempre e sempre, cada vez mais. A pergunta crucial é: poderiam as pessoas sentirem-se satisfeitas? Poderiam se contentar com isso? Poderiam usar as coisas que já possuem para servir ao mundo?

"Certa vez, eu estava viajando com uma amiga pela França quando ela recebeu uma mensagem de um conhecido, que, por sua vez, estava numa festa em um iate de luxo, navegando em plena lua cheia. Na mensagem de áudio ele gritava que achava que não havia champanhe suficiente. Impossível de acreditar que uma pessoa fazendo uma maravilhosa viagem em um luxuoso barco não esteja ainda satisfeita! Ele não falara sobre quão maravilhoso era estar num iate como aquele, mas falara sobre o que faltava! E sempre há de faltar alguma coisa. Quando estará a humanidade satisfeita?

"Na Europa, as pessoas estão muito infelizes. Elas não sabem mais como aproveitar a vida ou com o que se contentar. A filha de conhecidos meus que vivem na Suíça sentia-se sempre infeliz, pois vivia enumerando tudo o que *não* tinha. Ela, no entanto, havia estudado Direito na Austrália, e eu lhe perguntei quanto seus pais pagaram para que se formasse em outro país. Ela estimou que, provavelmente, eles deviam ter pagado em torno de um milhão de euros. Quando eu estudava, recebia duas mil rúpias indianas por todo um mês de despesas. Isso significa cerca de doze ou treze euros, e, com isso, eu pagava tudo: meu alojamento, livros e alimentação. E disse a ela que eu era muito feliz assim, mas ela não me entendeu. E seus amigos são exatamente como ela. Nunca tiveram problemas, nunca lhes faltou dinheiro, entretanto o que lhes falta é satisfação.

"A vida lhe dá tudo e o que você pensa sempre é no que falta. Você pode comprar tudo, mas onde se compra a felicidade? A solução para isso é reconhecer a situação, estar consciente e ser grato. Se você compra um carro, precisa saber por que está comprando, e isso é fácil — para estar contente. Sim, trata-se de satisfação, e satisfação é um verdadeiro sentimento que pode se transformar em felicidade. Felicidade pertence à sua alma, não ao seu jeans ou à sua camiseta de marca."

Enquanto eu escutava as palavras de Thero, perguntava a mim mesma se eu também era assim em minha vida, se realmente apreciava tudo que tinha, e refletia se me sentia tranquila e satisfeita ou se achava que tinha o suficiente para me sentir satisfeita. Eram muito intensos, tranquilos e emocionantes aqueles momentos de conversas com Thero.

No caminho de volta do templo para meu hotel, encontrei com moradores do vilarejo; por todo lado havia crianças indo para a escola, suas roupas tão simples quanto as casas do local. As crianças iam carregadas em bicicletas, motocicletas ou riquixás, ou simplesmente caminhavam. E nunca em minha vida eu havia visto olhos tão brilhantes como vi naquele dia. Em cada um daqueles rostos havia sido inscrita a alegria pura de viver, embora aquelas crianças quase nada tivessem, pelo menos aos nossos olhos ocidentais. Por todos os lugares em que passei, fui cumprimentada e me senti iluminada. Durante todo aquele dia, fui incapaz de me libertar daquela doce e contagiante magia emanada por aquelas pessoas especiais. Como eu gostaria que houvesse em nossas ruas mais desse brilho contagiante, mais dessa magia da felicidade nos rostos de nossos filhos!

> Felicidade diz respeito à sua alma e não à camiseta de marca que você compra.

Impulsos de empatia

AFIRMAÇÃO: *A felicidade está dentro de mim e não nas coisas que posso comprar.*

— O que existe de bom em sua vida agora? Não deixe nada de fora! Até a cozinha que acaba de ser arrumada pode ser motivo de satisfação. Anote tudo. Todos da família estão saudáveis? Você tem o suficiente para comer e um lugar para morar? Você tem bons amigos?

— O que você gostaria de mudar e o que o deixa bastante infeliz? Anote tudo isso também. Não terminou ainda sua declaração de imposto de renda? O armário precisa ser limpo? O carro que continua enguiçando? O parceiro que não compreende você? Do que mais você tem para reclamar?

— Tente dar um peso a esses diferentes aspectos, por exemplo dez para os que são muito importantes, um para os poucos importantes, e veja quantos pontos importantes você anotou. E observe quão sérias são as coisas que o deixam insatisfeito.

— Para as coisas da lista com as quais você se sente insatisfeito e que receberam uma pontuação alta, escreva: eu amo, eu mudo, eu largo. O que considero que posso amar, eu amo sem reservas; o que eu posso mudar, eu mudo; o que eu posso largar, eu largo.

A maldição da eterna dúvida

Dúvida. Raramente temos a sensação de que tudo o que fazemos está suficientemente perfeito, pois duvidamos de nossa capacidade e dos resultados alcançados, e, mesmo que não haja nada com que nos preocupar, mesmo que tudo esteja caminhando bem, a dúvida estará lá para nos atormentar. Nossas mentes, muitas vezes, encontram erros e defeitos ou, no mínimo, sinalizam que poderíamos ter feito melhor.

Certa vez, em meu consultório, sentou-se à minha frente uma jovem cientista que acabara de terminar sua dissertação de mestrado. Ela procurava uma segunda opinião a respeito de seu trabalho, mas me pareceu bastante preocupada. Perguntei-lhe se já tinha em vista a pessoa de quem precisava e notei que a pergunta lhe causou certo desconforto. Então aí estava o nó do problema que a atormentava. Ela se contorceu levemente na cadeira, sua linguagem corporal revelando sua tensão. Seu olhar voltou-se para baixo, sua testa franziu-se — estava claro que havia algo que a preocupava bastante.

Hesitante, ela me respondeu:

— Talvez o tema da minha dissertação seja muito irrelevante para essa avaliadora, e ela queira que eu escreva sobre outro tema.

Eu adivinhara corretamente que ali havia um dilema.

— Como irrelevante? O que você quer dizer com isso? — perguntei.

— Bem, o tema não é lá muito empolgante, e a avaliadora é uma pessoa muito ocupada, e tão renomada...

— Espere um pouco, você me disse que já tinha publicado no exterior artigos sobre esse tema, correto?

— Sim, correto — murmurou ela, um pouco envergonhada.

Então eu lhe perguntei quantos estudantes de mestrado haviam alcançado a façanha de publicar artigos internacionalmente.

— Nenhum — sussurrou ela, sem ainda olhar para mim.

— Nenhum? Foi isso que você disse? Nenhum? E como, então, você pode dizer que o seu tema seria comum, irrelevante? — argumentei enfaticamente.

Passamos o resto do treinamento trabalhando a importância de reconhecer o próprio trabalho, ter orgulho do que fez e das conquistas alcançadas. Era absolutamente necessário que a jovem reconhecesse o próprio valor e acreditasse em sua capacidade, pois ela realmente tinha realizado um trabalho que merecia ser reconhecido. Em vez disso, ela acreditava que seu esforço e produção não tinham importância alguma. Nunca esqueci essa nossa conversa.

O fato é que, aparentemente, por trás disso há o que conhecemos como a "síndrome do impostor", síndrome experimentada por grande parte das mulheres. Há dias em que essas pessoas sentem que os outros vão descobrir que elas são uma fraude, que não conseguem fazer nada do que dizem, que não estão preparadas para o cargo que ocupam. Os sentimentos que estão relacionados a essa síndrome podem ser descritos como uma ilusão de inferioridade, sentimentos de desqualificação das próprias capacidades, sentimentos de fraude pelas próprias conquistas e sucesso; são crenças centrais que desqualificam o positivo e o merecimento pelo sucesso alcançado. São esses os pensamentos que ficam circulando nas mentes dos que se consideram "impostores".

> Há dia em que as pessoas acham que são uma fraude.

Em minhas palestras, quando descrevo o comportamento das pessoas que apresentam essa síndrome, vejo em muitos rostos uma expressão séria de concordância, pois muitos de nós conhecemos esses perturbadores sentimentos, essa angustiante dúvida sobre a própria suficiência e capacidade e o medo constante de ser pego como um impostor a desempenhar uma fraude. Junto à dúvida está a vergonha, a insegurança e a maior das interrogações: quem de fato eu sou? Sou bom o bastante?

Quanto mais trabalho com as pessoas, mais me deparo com essa questão. O fato é que a dúvida na própria capacidade dirige o foco das pessoas à sua suposta fraqueza, portanto estreita o olhar para a empatia e para a compaixão.

Ao alcançarem metas e obterem sucesso, muitas mulheres reagem com subterfúgios, do tipo: "Eu tive sorte, estava na hora certa e no lugar certo", "Foi coincidência, não fiz nada". E esse é exatamente o problema; quando as conquistas são feitas com facilidade porque as pessoas têm talentos especiais que as auxiliam a alcançar sem esforço algum objetivo, elas têm a tendência de negar a si o merecimento pelo que realizaram. Tratam seu sucesso como sorte ou afortunada coincidência e acreditam que nada disso diz respeito a elas, pois qualquer um poderia ter feito da mesma forma.

Em contrapartida, falhas e insucessos nunca são atribuídos a circunstâncias externas, mas são creditados à incapacidade da própria pessoa. Isso é ruim porque a autodesvalorização não é equilibrada pelos sucessos alcançados.

O que pode ser feito a respeito? *"Faça, não pense."* Em seu livro *The As If Principle*, o psicólogo Richard Wiseman mostra quais efeitos nosso comportamento causa sobre as emoções.

Esse postulado, *"Faça, não pense"*, nos instiga a agir com coragem, apesar de qualquer impedimento que possamos criar para nós mesmos, pois, apesar das nossas dúvidas, é preciso tornar possível o que pensamos ser impossível para nós. Se ficarmos remoendo nossas dúvidas, outra pessoa fará, em nosso lugar, aquilo que deveríamos ter feito, ocupará o cargo para o qual estávamos preparados, mas não acreditamos. É uma perda de tempo ficar se contorcendo em dúvida e não agir, um tempo precioso que seria melhor ocupado com as coisas para as quais temos talento, em vez de ficarmos paralisados pelas dúvidas.

Certo é que podemos nos consolar com o fato de que para tudo que planejamos há 50% de chance de dar errado. Fácil de calcular, não? Ou dá certo ou não dá, não importa o quanto tenhamos pensado ou duvidado de antemão. Pensar nessa probabilidade traz certa serenidade e pode nos fortalecer. E assim é para qualquer um de nós. Quanto mais confiança tivermos sobre nossas habilidades, maior probabilidade de as coisas terem sucesso!

Impulsos de empatia

AFIRMAÇÃO: *Minhas dúvidas me ajudam a alcançar meus objetivos.*

— Em quantas coisas na vida você alcançou sucesso através do esforço?
— Desenhe sua linha do tempo e assinale as coisas importantes nas quais obteve sucesso.
— Seja sincero. Em quais ocasiões você sentiu que o sucesso obtido não foi tão bom como o esperado e que, por isso, ele não precisa estar marcado na linha?
— Marque com caneta vermelha todas as realizações das quais você se sente orgulhoso de verdade. Alegre-se por alguns minutos com isso.
— Coloque esta linha do tempo em um lugar da casa em que você possa vê-la com facilidade e, todas as vezes em que se sentir inseguro e tiver dúvidas sobre suas habilidades, reveja o que marcou na linha do tempo e conscientize-se de sua real capacidade. Ela será sua base, sua fundação, seu suporte. Ela lhe lembrará seu desempenho, um desempenho que talvez qualquer um pudesse ter tido, mas o mérito foi *seu*.
— Se você se pegar dizendo para outras pessoas que o que você fez não foi nada de mais e que qualquer um poderia ter feito, interrompa-se e permaneça em silêncio. Permita-se ficar contente com o elogio, mesmo que a dúvida em seu interior insista em mostrar o contrário.

Os primeiros segundos de julgamento

Algum tempo atrás, passeando ao longo do rio Alster, avistei alguém correndo em minha direção. Alguém que eu não conhecia e, portanto, tive que olhar com atenção. Era uma pessoa com pernas curtas, extremamente cabeludas, de pelos negros e compridos, vestindo uma bermuda amarela e com um olhar truculento. Se era homem ou mulher, eu não poderia dizer, percebi apenas que estava olhando fixamente para ela e em minha cabeça veio a inesperada frase, ou melhor, o surpreendente veredito: "O que é *isto*?"

Estarrecida com esse pensamento, ficou nítido para mim que eu julguei rápida e preconceituosamente — "O que é isto?" não é absolutamente um pensamento decente, é? Então percebi que a resposta à minha própria pergunta pareceu mudar completamente algo dentro de mim: *um ser humano*. Essa simples resposta me tranquilizou, me envergonhou e, ao mesmo tempo, me libertou daquele precipitado julgamento. Um ser humano! Que respira, pensa e sente. Uma pessoa com anseios e sonhos, com amores e alegrias, com lágrimas e golpes do destino. Assim como eu, assim como todos os outros, fosse ali no Alster ou em qualquer lugar da cidade, do país, do mundo. Com essa concepção universal, meu julgamento preconceituoso foi de um só golpe invalidado e voltei a estabelecer a paz dentro de mim e com todos a minha volta.

Tão logo nos predispomos a julgar, condenar ou avaliar alguém por suas peculiaridades ou pelo que consideramos deficiências, estaremos nos considerando superiores a essas pessoas e lhes causando mal. Nós lhes damos um rótulo e as colocamos em uma caixa, comparando-as e medindo-as segundo nossas próprias normas, e lá, então, elas ficam empacotadas. Creio que todos nós temos muita dificuldade em pular fora da caixa para provar quem somos na realidade. Precisamente: seres humanos. Essa resposta interior é a que eu sempre me ofereço quando me surpreendo a prejulgar alguém. E me causa perplexidade reconhecer quão rápido o cérebro nos leva a cair nesse tipo de juízo e quão desagradável é essa constatação. Não demora nem um segundo e já há um veredito pronto.

Naturalmente que essa faceta do ser humano pode vir a se transformar com o tempo e que também tem uma razão para que seja assim, porque, para nos defendermos, precisamos classificar, criar conceitos de avaliação, precisamos organizar as caixas para decidir se esta ou aquela pessoa pode representar perigo. Para que nos sintamos seguros, organizamos os rótulos e as caixas. No entanto, quando realmente precisamos agir assim e quando não? Quando efetivamente utilizamos as caixas e os rótulos para organizar as pessoas em úteis ou inúteis, em valiosas ou sem valor algum?

Para alguns, esse hábito de fazer julgamentos, de trocar fofocas nos corredores ou de falar mal dos outros pode até ser um método de socialização e uma atividade divertida.

O veredito é: intriga

Falar mal de alguém, fazer intriga, pode parecer divertido, pois conecta e cria um interesse comum entre pessoas. Em seu livro, Don Miguel Ruiz escreve que devemos ficar atentos ao lidar com nossas palavras, porque elas são energias que manifestam algo. Segundo ele, qualquer palavra que colocamos no mundo afeta a nós e a outras pessoas. Gosto muito dessa ideia, porque nos leva a pensar em qual tipo de energia queremos enviar ao mundo. Queremos lançar ao mundo energias nocivas ao falar mal dos outros ou preferimos fazer algo positivo para

> Que tipo de energia eu gostaria de enviar ao mundo com minhas palavras?

nós e para o meio ambiente? Não sei quanto a você, mas quando me vejo envolvida com esse tipo de coisa, calúnias, fofocas, disse me disse, não me sinto melhor do que antes, pelo contrário, me vem à boca um gosto rançoso. A intriga é um meio de unir pessoas, porém nada tem a ver com empatia.

Não há nada de empático, por exemplo, em se encontrar na cantina da empresa para falar mal do chefe, se ele está tendo um caso com a assistente, secreto ou não, se está de bom ou mau humor, se a assistente perdeu peso, se está com boa aparência, se realmente ela poderia usar uma roupa mais adequada etc. etc. etc. Conhecemos bem esse tipo de conversas, não é mesmo? Geralmente, temos a impressão de que nos divertimos junto à pessoa com quem estamos, mas nos sentimos também um pouco incomodados por ter falado mal de outra.

Eu mesma não consigo me absolver desse mau hábito da fofoca, ao mesmo tempo que me sinto cada vez mais incomodada com esse gosto rançoso que deixa esse péssimo hábito e me pergunto sempre se realmente temos uma visão completa da pessoa da qual falamos. Sei uma coisa e outra de uma pessoa e construo meu julgamento a partir disso, mas como é na realidade o restante da vida dela, quais são seus sentimentos, o que há por detrás dela que não sabemos? Não estamos agindo muito erroneamente com as pessoas?

Devemos efetivamente sair de tais conversas e nos curar do hábito do julgamento. Devemos ir embora quando esse tipo de assunto se inicia numa roda de pessoas, e não nos deixarmos contaminar por essas coisas indescritivelmente injustas, ocupar nossas mentes com algo construtivo e não permitir que nossos espíritos sejam obscurecidos por essas tão depreciativas atitudes, porque certamente ninguém pode considerar que as intrigas sejam produtivas. Como nos sentiríamos se, ao contrário, soubéssemos que estamos sendo alvo de fofocas? Fazemos isso com os outros, mas não queremos que nos aconteça?

Uma outra possibilidade para que evitemos esse tipo de atitude é iniciar um diálogo interessante com as pessoas a respeito de quem estão falando mal, o que seria muito desejável hoje em dia. Quando ouvirmos as injúrias direcionadas a uma determinada pessoa, é bom que mostremos uma outra faceta do indivíduo em questão, que destaquemos os pontos positivos que, com toda a certeza, ele possui. Contudo, se os interlocutores estiverem usando a calúnia e a difamação para liberar uma raiva reprimida, infelizmente, não vão querer nos ouvir.

O pesquisador Paul Ekman escreve a propósito de uma *empatia divergente*, uma forma de empatia que abarca simpatia e compreensão, mas que também apresenta outras possibilidades de pensar sobre a situação. Assim, haveria uma oportunidade não apenas de concordar com o outro, mas ao mesmo tempo decidir por um diferente caminho. Um exemplo disso seria: "Tudo bem, eu entendo que isso te deixa com raiva, mas já perguntou a eles o que queriam dizer com isso? Será mesmo que eles queriam te atingir?"

A empatia divergente pode ser exigente quando o que desejamos mesmo é ficar irritados. A empatia divergente não permite que fiquemos insistindo no mesmo assunto, mas nos apresenta uma nova saída. Ela é o caminho que devem seguir as amizades, quando queremos imprimir uma nova ideia no coração de nosso amigo ou amiga.

Ao contrário dela, a *empatia convergente* apenas concorda, incita e reforça o que o outro sente, pensa ou diz: "Sim, você está certo, o sujeito é mau e você não merece o que ele falou. Vá lá e acabe com ele." A empatia convergente segue o mesmo caminho da pessoa que pretendemos ajudar, sem questionar absolutamente nada, pois existe nela um alto grau de identificação solidária. Esse tipo de comportamento é o que chamamos de faca de dois gumes, pois a participação identitária na condenação fortalece a conexão entre pessoas, já que temos a sensação de que apoiamos e confortamos o outro, mas a verdade é que estamos apenas reforçando julgamentos negativos e não levando a situação a um estado de relaxamento das tensões.

Então, como se comportar como colega ou amigo? A escritora, palestrante e *master coach*, Sabine Asgodom, em uma de suas palestras sobre o método que emprega em coaching, esclarece que seu círculo de amizade mudou muito desde que ela parou de participar de conversas depreciativas sobre pessoas. Ela sugere que não haja mais empatia do tipo convergente, pois devemos olhar para o outro exatamente como ele é: um ser humano. E isso basta para estabelecer nossa atitude a respeito de alguém. Um ser humano sobre o qual eu poderia aprender mais se quisesse, *antes* de rotulá-lo e colocá-lo numa caixa.

Eventos desse tipo são particularmente interessantes nas mídias sociais. Nesse tipo de interação social, podemos observar que são feitos rapidamente julgamentos sem que haja qualquer averiguação. Essa parece ser uma das características humanas e, precisamente, uma área em que ainda temos muito que aprender.

Julgar em plataformas virtuais é fácil

Por algum tempo, publiquei nas redes sociais minha intenção de angariar dinheiro para ajudar um homem em situação de rua que conheci. Então, primeiro quero lhes apresentar o André.

Ele ficava sentado na esquina de um supermercado. Era um homem amistoso, que deveria estar em torno de seus quarenta ou cinquenta anos e que estava sempre sorrindo. Tinha cabelos escuros e olhos brilhantes e gentis. Não sei dizer por que razão ele se destacava dentre todos os que na rua esmolavam. Nele não havia nada de especial, ele apenas ficava sentado lá, sorria, cumprimentava as pessoas e desejava a cada um que passava tudo de bom para eles e para suas famílias. Havia algo de bom nele, algo caloroso.

Notei que muitos vizinhos lhe levavam comida ou o levavam até o supermercado para escolher o que precisasse e conversavam com ele. Uma jovem da floricultura vinha sempre até ele e lhe dava um cigarro. Creio que todos ali do quarteirão o conhecem. Eu conversava com ele algumas vezes e lhe levava comida, roupas ou dinheiro. Algumas vezes, ele levava sua filha de treze anos para pedir esmola na outra esquina. Ela quase não tinha mais os dentes, mas sorria corajosamente mesmo assim, embora em seus olhos fosse possível ver sofrimento e privação. Isso não era o que desejaríamos para uma menina de treze anos nesse país.

Ele me contou que tinha cinco filhos, sua esposa tinha falecido e seu filho de oito anos sofria de uma doença no coração e precisava de uma cirurgia. Eu olhava em seus olhos e o ouvia e nem por um minuto duvidei do que ele me contava. Ao retornar, depois de meses trabalhando em uma fazenda que produzia frutas na Romênia, ele me presenteou com um licor de frutas em uma garrafa de plástico, provavelmente destilado pessoalmente. E a cada vez que conversávamos, ele me dizia que sua mãe rezava por mim e por minha família, porque eu o tinha ajudado. Ele me chamava de "princesa" porque me achava parecida com a Lady Di.

André me emocionava. Eu pensava no filho que precisava ser operado e o que poderia fazer para ajudar. Pensei por um bom tempo e decidi publicar no Facebook que estaria arrecadando dinheiro de quem pudesse colaborar para ajudá-lo a pagar a cirurgia do filho, que, segundo me disse ele, custaria em torno de três mil euros.

Vocês não acreditariam nas coisas que as pessoas escreveram a respeito disso. Houve todos os tipos de reação. Uns me disseram para tomar cuidado porque certamente o homem não era confiável e tudo aquilo que contara não era verdade. Outros disseram que eu desse o dinheiro, se quisesse, mas que não contasse com eles. Mas havia outras vozes também que me encorajaram dizendo que, se pudessem, estariam lá para ajudar. Houve também dicas valiosas sobre como abordar e verificar a veracidade das coisas, e alguns me deram até o endereço de uma organização na Romênia que cuida do bem-estar das crianças. Escrevi para as pessoas daqui e de lá, fiz algumas comprovações e, finalmente, dei a André as informações, traduzi algumas coisas para ele e tentei persuadi-lo a se inscrever nessa organização. Nossa conversa foi lenta porque eu não falo romeno, mas em determinado momento ele me pediu para abrir um programa de tradução em meu celular e escreveu apenas uma palavra para que eu entendesse. Ele colocou, então, o celular em meu bolso e na tela estava escrito: corrupção. Ele encolheu os ombros e com um olhar de tristeza falou apenas: "doutor".

Depois disso, teve que retornar à Romênia porque ali ele não tinha moradia fixa. Espero que ele possa voltar algum dia para que eu possa fazer uma nova tentativa de ajudá-lo. E espero ainda que consiga ajuda adequada na Romênia para que seu filho seja curado.

O que eu ainda gostaria de dizer sobre isso tudo é que as reações às minhas postagens, a respeito de André, me deixaram realmente chocada. Será que sou tão ingênua a ponto de acreditar num contumaz mentiroso? A empatia que senti por ele me fez ficar tão estúpida a ponto de acreditar nesse homem, sem nada questionar, só porque ele tinha um olhar triste e caloroso? Por um longo tempo esses pensamentos ocuparam minha mente e, por isso, acabei mantendo distância de André enquanto esses pensamentos me agitavam. Mas, felizmente, algumas pessoas escreveram coisas positivas, algumas disseram que eu seguisse meu coração.

E meu coração me dizia: sim, eu acredito na história. Pode ser clichê, ou destino, mas eu escolhi acreditar nele, pois se alguém se senta nas ruas para mendigar, dorme em parques todas as noites e não tem regularmente o que comer com certeza está numa situação pior do que a minha. E se ainda precisa levar a filha para também pedir esmola com ele, certamente isso deve lhe partir o coração. E se eu ainda o tomasse como mentiroso e o julgasse e condenasse, quem lucraria com isso? E mesmo que ele estivesse mentindo, seria isso um problema meu? Thero tem seu próprio ponto de vista a respeito de julgamento e de confiança:

"Certa vez, eu estava no aeroporto de Paris, quando uma moça e um homem vieram em minha direção e me pediram vinte e cinco euros. Eu vi claramente que eles não precisavam daquele dinheiro para comprar uma passagem, mas eu o dei mesmo assim, embora sabendo que eles estavam me usando propositadamente. Se eu tenho dinheiro, eu o dou. *O problema é das pessoas que trapaceiam, não é meu. O Karma é* delas. Por isso, use a sua empatia com sabedoria. Eu posso saber que alguém está me enganando, mas decido ajudar mesmo assim."

Quão simples e pouco convencional esse ponto de vista! Passamos a responsabilidade para quem mente e engana e não precisamos mais ocupar nossa mente com a possibilidade de a pessoa estar ou não mentindo, porque isso não é nossa responsabilidade, mas dos que enganam.

Nós julgamos muito rapidamente as pessoas, temos a sensação de que podemos olhar através delas e acreditamos saber quem é bom, quem é mau, quem passa ou não através da peneira. Com todo esse "saber" é que lançamos um olhar limitado ao mundo, não somos mais empáticos, mas fazemos julgamentos contundentes, e isso nos distancia das pessoas que, talvez, precisem de nós. E o que tem isso a nos mostrar? No fundo, é um espelho através do qual nos julgamos a nós mesmos, e duramente. Penso sempre assim, quando me irrito com alguém:

Se eu penso mal de alguém e o julgo, significa que minha alma não está em paz.

E quanto mais eu julgo alguém, mais me sinto infeliz, pois os julgamentos são antagônicos à empatia.

Impulsos de empatia

AFIRMAÇÃO: *Todas as pessoas são iguais. Julgamentos negam todo sentimento de compaixão e de empatia.*

— Fique atento aos impulsos de julgamento; se surgirem, interrompa o pensamento, diga a si mesmo: *esse é um ser humano*. Depois, inspire profundamente e expire com a intenção de liberar todo e qualquer preconceito.

— Pergunte-se o quanto realmente você se importa com os outros ou se sente inquieto, indeciso ou insensível.

— Quando alguém lhe parecer estranho ou diferente, diga para si mesmo: "Interessante!" Não faça julgamentos, apenas deixe que a pessoa seja quem ela é.

— Se ficar tentado a falar mal sobre algo que lhe soou esquisito, procure aprender mais sobre a situação. Feche por um momento os olhos e imagine como essa mesma coisa se traduziria em nossa cultura e que emoções estariam ligadas a ela. O que é estrangeiro não está errado, é apenas diferente.

A mentira da comparação

Quando julgamos os outros, a comparação vem logo a seguir. Estamos o tempo todo, automaticamente, fazendo comparações.

Todas as vezes que presto atenção às coisas ao meu redor, percebo o quanto faço comparações com a minha própria vida: há a família perfeita lá; aquela casa é tão linda, as crianças, provavelmente, crescem lá sem problemas; as roupas que minha amiga usa me deixam constrangida; os colegas que têm mais sucesso do que eu e recebem salários maiores; o penteado que minha vizinha usa é mais interessante do que o meu e o batom dela combina com as meias que usa. Não importa o que eu compare ou veja em mim, minhas supostas deficiências farão com que eu me sinta um pouquinho pior.

Naturalmente existem comparações que fazem com que eu me destaque em alguma coisa ou fazem com que eu me sinta melhor, mas muitas vezes não damos importância às desse tipo. Estamos sempre focados na falta; alguém faz melhor do que eu, alguém tem mais do que eu, onde estou pior nisso ou naquilo... nesse tipo de comparação só há uma coisa a se descobrir: estou sempre perdendo, portanto, esse comportamento estreita nossa visão e faz o mundo parecer insignificante. Estamos sempre enredados na falta e dificilmente poderemos assim ajudar alguém, e o que fazemos como compensação é nos tornarmos arrogantes e replicar: *"Para você* é fácil falar! Para você tudo dá certo!"

O que nunca estamos dispostos a ver é o lado positivo que toda comparação tem a nos mostrar. Em vez disso, prefiro me indignar com, por exemplo, a colega que tem uma formação menos qualificada do que a minha e alcançou mais sucesso do que eu (sim, aqui o julgamento também entra em jogo!), e por isso acabo gostando menos dessa mulher e esqueço que ela não tem nenhum filho para cuidar, que ela não tem que educar ou sustentar uma filha, como eu, por isso pode se dedicar a fazer planos e realizá-los como e quando desejar. Penso então: será que está implícito nesta comparação que eu não desejo ser mãe porque a colega tem mais tempo livre? Meu Deus! De jeito nenhum! No fim, talvez a pessoa que eu invejo preferisse ser mãe como eu e até se sinta triste por isso. Pode ser que ela preferisse muito mais ter filhos e uma família para se dedicar do que ter sucesso e dinheiro. E, infelizmente, nunca pensamos assim.

A comparação, em seu lado negativo, não nos causa bem algum e nos atrapalha em todos os aspectos da vida porque nos torna menores do que na realidade somos. Muitas vezes ela está relacionada ao que consideramos não estar bem em nossas vidas e nos faz não dar importância a tudo que também temos de bom. Isso não é justo porque sempre que, sob esse ponto de vista, nos comparamos aos demais, acabamos nos sentindo mais e mais inferiores. Felizmente, há outros efeitos que podem ser positivos se nos compararmos aos outros. Se observo, por exemplo, a performance que todos admiram em um colega de trabalho, em vez de me comparar negativamente por não me considerar à mesma altura, posso, ao contrário, buscar nele inspiração para melhorar a mim e a meu trabalho. Esse, sim, é o lado positivo da comparação. No entanto, é importante levar em consideração que não se deve tomar como suas as ideias de outrem ou copiar o que outros criaram.

Precisamos resolver o dilema em que nos coloca a comparação, decidir para que lado manobrar nossa intenção: quero me comparar aos outros para me sentir inferior a eles e destacar minhas faltas ou seguir o caminho da inspiração e da motivação que ela pode me proporcionar?

Não é raro que essa decisão seja tomada por amor ou por medo. Se decidimos pelo medo, a grama do vizinho vai parecer sempre mais verde. Mas, se permitirmos que a grama do vizinho nos inspire e motive a melhorarmos a qualidade do nosso gramado, certamente a escolha que fizemos a respeito do tipo de comparação nos mostrou um novo caminho, não?

As escolhas que fazemos com base no medo obstruem cada vez mais nossa capacidade de empatia e nos distancia dos outros, porque precisamos estar sempre preparados para a luta, já que consideramos os outros como oponentes se nos sentimos inferiores a eles. Pelo contrário, quando meu sentimento de admiração é fraterno e amoroso pelo que o outro é ou possui, posso me inspirar, desenvolver novos objetivos e moldar o futuro de modo a não me sentir vítima. Se agirmos assim, podemos analisar as situações de outra forma, por exemplo, se o ex--namorado estiver fazendo com a namorada atual uma viagem que você sempre desejou, a decisão a ser tomada é: "Se eu quero viajar, então simplesmente devo viajar!" Todo sentimento que temos tem origem em nossas necessidades e, quando fazemos comparações, temos que descobrir quais poderiam ser. Se um conhecido passa por nós com um novo carro, por exemplo, podemos nos perguntar se de fato temos necessidade de mais locomoção, se existe mesmo o desejo de comprar um carro ou se na verdade adoramos a nossa lata-velha, e não precisamos de mais nada. E, se a vizinha perdeu peso e está com uma aparência incrível e nós não, poderíamos nos perguntar se temos compulsão por comida e se por isso não conseguimos perder peso.

> Você escolhe o medo ou o amor.

É muito bom que as comparações que fazemos sejam direcionadas e que nos sejam úteis, como as que nos inspiram e motivam, pois de repente a colega não é mais uma idiota e podemos nos aproximar dela para aplaudir sua excelente performance. De repente, o carro do meu colega é bem legal e eu peço para dar uma volta nele; de repente pergunto à minha chique vizinha o que ela fez para estar tão bonita e, com isso, talvez encontre um caminho para finalmente perder alguns quilos.

Impulsos de empatia

AFIRMAÇÃO: *Sempre que me comparo com os outros, me desvalorizo, portanto, a partir de hoje, decido mudar isso.*

— Com quem você frequentemente se compara? Com as novas companheiras de seu ex-namorado? Com os colegas de trabalho mais jovens? Com o vizinho que *sempre* está de carro novo?
— Quais sentimentos surgem em você quando se compara com alguém? Sentimentos de menos valia ou aqueles que te deixam feliz e satisfeito consigo mesmo?
— Quais necessidades estão por trás da comparação? Você procura por meio de comparações comprovar que é uma vítima do destino ou elas lhe servem como motivação e inspiração?
— De que forma você poderia parar com as comparações negativas e, em lugar delas, apreciar o que os outros fazem de bom?

A busca pela perfeição

Em todo tipo de comparação que fazemos, uma coisa é certa: todos estamos em busca da perfeição. Queremos ser bem-sucedidos, bonitos, jovens e realizados, no entanto, jamais essa é uma busca útil, porque a perfeição não existe para nós, os humanos. E isso, no fundo, não é um pensamento que nos traz certo alívio?

O desejo pela perfeição, além de nos impedir de agir com empatia, nos sobrecarrega e oprime imensamente. Lutamos por isso, labutamos por isso e o que colhemos raramente chega perto da satisfação. Ficamos andando e andando sem saber ao menos em qual direção seguir, porque, na verdade, ninguém sabe com certeza o que significa ser perfeito. Você saberia?

"Perfeito" é apenas um conceito, nada mais que isso, que precisa ser preenchido para que faça sentido. Mas por quem? Quem poderia ou teria o direito de definir quando e o que seria perfeito?

Thero conta a história de um cliente seu na Bélgica, já na faixa dos 45 anos, que, de tanto buscar a perfeição, transformou-a em uma armadilha e uma obsessão. Ele tinha esposa, três filhos, era rico e vivia luxuosamente. Desde cedo ele fora ensinado que deveria ser perfeito e, porque este homem também não sabia exatamente o que deveria ser, procurou pela perfeição no dinheiro, no sucesso, em carros grandes e luxuosos; no final, ele tinha tudo que desejara e ainda assim sentia raiva e frustração.

Um dia ele foi procurar por Thero para com ele se aconselhar. Conversaram muito sobre felicidade e perfeição e, de repente, ele relata que seu professor de ioga tinha três filhos, como ele, mas viviam com poucos recursos e ainda assim eram felizes. Como poderia ser que eles estivessem sempre tão alegres e despreocupados, se quase nada tinham? Ele ficara fascinado, porque seu professor vivia tão distante do que ele considerava como perfeição que não entendia o motivo de tanta paz e felicidade. Então lentamente foi percebendo que jamais encontraria a felicidade na busca por uma utópica perfeição. Como resultado de seu *insight*, ele reduziu seu trabalho em 20%, dedicou-se a aprender e iniciar um curso de formação de professores de ioga. Todo o desejo de perseguir uma perfeição baseada em coisas materiais foi esquecido, e, dia após dia, foi se sentindo cada vez mais em paz e feliz.

O desejo pela perfeição limita imensamente nosso campo de visão empática, porque, se estamos perseguindo algo, não descansamos, não vemos mais a nós mesmos e nem as pessoas a nossa volta.

Fazendo tudo certinho

Mesmo nas mais insignificantes situações, queremos perfeccionismo a todo custo. Em minha profissão como treinadora em impostação de voz e palestrante, encontro sempre pessoas que procuram o aconselhamento porque estão no "modo faça tudo certinho". As pessoas vêm para os treinamentos e para o coaching para aprender a fazer tudo "certo" em suas palestras ou apresentações. No entanto, esse conceito de certo ou errado é muito questionável.

Então, se uma pessoa está num palco em uma encenação, apresentação, entrevista ou palestra, diante de um microfone, tudo que ela deseja, em relação ao conteúdo, é brilhar. No caso de apresentações, slides foram preparados, o texto maravilhosamente estruturado, as frases importantes anotadas. E, então, começa. Eu ouço a pessoa ali falando, e o que acontece é o seguinte: nada. Ouço palavras, declarações elaboradas, às vezes frases vazias, ditas absolutamente sem emoção ou paixão. Nada da personalidade do orador transparece em suas palavras, os fatos podem até me interessar, mas logo fico entediada pela monotonia com que são relatados. O apresentador está indo na direção certa, tudo está indo conforme planejado, ele não perde o fio da meada nas suas falas, os slides estão bem concatenados, a estrutura correta... tudo o que possa nos prender a atenção está feito. O que falta, então? Pois falta a coragem de cometer erros. Falta ser tangível como ser humano, permitir o contato com as emoções, pois, diante do microfone, os únicos pensamentos são: fale alto e claro, não se perca, pareça estar bem, demonstre inteligência! O cérebro trabalha a toda a velocidade para que tudo pareça criteriosamente importante, e para criar uma imagem de sucesso. O foco está em duas coisas: no conteúdo e na preocupação com o desempenho.

E onde ocorre o verdadeiro contato com o que se está expondo? Onde estão as emoções pelo que está sendo apresentado? O que falta, quando estou preso nas armadilhas do perfeccionismo, para que minha fala tenha algum impacto sobre meus ouvintes? Como posso perceber que não estou me comunicando autenticamente?

1. **Linguagem própria e espontânea.** Quando quero fazer tudo certo, formulo frases peculiares, uso palavras que de outra forma nunca usaria, leio, falo gramaticalmente *correto*. Eu mesma caí nessa armadilha quando fui convidada a moderar a primeira noite de palestra de Stefan Frädrich, em Munique. Queria fazer tudo certo e preparei impecáveis intervenções e, no começo, estava completamente inibida. Meu brilho e minha personalidade foram usados com muita parcimônia, mas fiz tudo certinho. Que besteira! Use o seu jeito próprio de falar, use a sua linguagem para se comunicar; suas palavras e seu entusiasmo são o que atraem a atenção dos outros. Caso contrário, leia um panfleto de propaganda de uma empresa, que vai ser menos cansativo de se ouvir.

2. **A linguagem espontânea do próprio corpo.** Se pretendo fazer tudo certo, procuro ficar parado, movimento-me muito pouco, de preferência não falo muito alto ou gesticulo em demasia, porque

os outros podem pensar que me tenho em muito alta conta, o que — nossa! — nunca se deve fazer! Eu até concordo que se apoiar em modelos nos dá mais segurança e que se manter empertigado também nos deixa mais confortáveis, também acredito que manter as mãos em determinadas posições pode ajudar a controlar os gestos, mas esses parâmetros nos foram ensinados com a intenção de nos sairmos bem num palco. Na minha opinião, a personalidade precisa de espaço. Quanto mais eu uso meu corpo, minhas mãos e me movimento, mais torno minha presença visível, quanto mais permito que meu corpo expresse sua linguagem concatenado com a minha fala, mais dinâmica e vivaz minha apresentação. Experimente: conte a mesma história por três vezes. Uma, sentado numa cadeira, outra, de pé, e, por último, conte-a enquanto relaxadamente caminha para lá e para cá, auxiliando passagens interessantes da história com vívidos gestos. Avalie o quanto sua performance muda!

3. **Respiração correta.** Se caio na armadilha da busca pela perfeição, isso tem efeito imediato sobre a minha respiração. Ela se torna superficial e se realiza apenas no peito, em lugar de se realizar no ventre, o que faz com que eu utilize apenas parte da minha capacidade respiratória. Devido ao medo, o corpo mantém presa a respiração de forma a não perder a estabilidade, e, com essa respiração presa, dirijo-me enrijecida à plateia na esperança de encontrar em seus rostos alguma expressão que me ofereça um pouco de segurança.

Querer fazer tudo certo é, em princípio, uma atitude quase infantil e pouco tem a ver com poder e domínio das situações. A visão de mundo de uma pessoa que só se preocupa com o que os outros pensam dela é, no mínimo, estreita e tímida. Nós, humanos, estamos eternamente preocupados com o que os outros pensam de nós. Assim é que todos pensam na própria imagem, e que bela atitude egocêntrica! Isso não oferece nada de bom a ninguém.

Lidar com os próprios erros, deficiências e peculiaridades exige sabedoria e empatia. Se não aprendermos a olhar com amor para nosso lado obscuro, negá-lo e camuflá-lo procurando fazer tudo de forma perfeita, nunca estaremos livres da introspecção, do autojulgamento e da exigência. Nessa armadilha há pouco desenvolvimento e pouco espaço para a renovação.

Ficamos paralisados enquanto decidimos o que está certo e o que está errado.

No entanto, se nos permitimos aprender com as falhas, com os fracassos, podemos ir mais longe e reinventar a vida, pois muitas vezes é o fracasso um importante passo para algo novo dentro de nós, algo que nunca havíamos reconhecido antes.

Quando reconhecemos nosso fracasso, o que nos vem de início é o autojulgamento de que somos perdedores, de que não somos nada, de que não conseguimos realizar nada. E a vergonha vem junto. É peso demais para se carregar e, por isso, ficamos paralisados. No primeiro ano da escola de música, fui reprovada. Eu me lembro perfeitamente do momento em que olhei a listagem dos alunos que fizeram a prova final e lá estava meu nome: Hein, Monika, reprovada.

Para a escola, o conceito nos primeiros anos de curso era receber o máximo possível de alunos e depois realizar uma rigorosa seleção, o que era uma rotina normal, mas para mim foi devastadora a constatação de que eu não era boa o suficiente. Durante muito tempo em minha vida, senti vergonha desse fracasso. Na época, eu estava com 21 anos e havia me mudado para Hamburgo para frequentar aquela escola. Com orgulho, imaginava que tinha potencial para ser artista e cantora. Mas, aparentemente, não era para ser. A escola me ofereceu a oportunidade de fazer novamente o primeiro ano e, como eu não me achava boa o suficiente, aproveitei a chance e repeti o ano. Esse segundo ano foi completamente diferente, eu fiz amigos que até hoje me acompanham, fui escolhida como oradora de turma e me senti mais confiante, então voltei a me sentir bem comigo mesma. Estudei com afinco técnica de canto e voz, bem como técnicas de atuação em palco. Isso era para mim como hobbies e me encheram de alegria na época.

No entanto, a mancha do fracasso anterior nunca desapareceu completamente. Nem ao meu namorado eu contei que tinha repetido o primeiro ano. Quando terminei o segundo ano, decidi que ali não era o meu lugar, então deixei a escola de música para tentar a vida por conta própria como cantora, e me inscrevi na universidade porque era necessário para obter um plano de saúde.

Como havia assistido a algumas palestras na disciplina de fonética, escolhi fazer Pedagogia como segunda formação, e nisso foram quatro anos. Depois, fiz mestrado nessa área. A escola de música foi esquecida, mas durante muito tempo foi difícil aceitar que havia falhado.

Até que um dia, conversando com um conhecido responsável pelo marketing do meu trabalho, tive dele uma outra resposta sobre o que para mim sempre fora embaraçoso reconhecer. Ele não aceitou a minha versão de que eu havia feito uma faculdade apenas como solução para obter um plano de saúde e me disse: "Você se superou quando decidiu fazer o que era mais fácil para você. Você reconheceu e aproveitou as habilidades que possui, que eram muito melhores do que as que julgou ter para estar num palco. Isso é ótimo!"

Por um momento, fiquei totalmente sem fala. Com essa observação sobre algo que me envergonhava, ele demonstrou não só simpatia, mas agiu com uma empatia divergente, isto é, mostrou que havia em tudo um outro caminho, uma outra forma de pensar. E ele estava completamente certo! O que eu durante tanto tempo interpretara como fracasso foi exatamente o que me abriu caminhos para uma vida nova, o que me possibilitou fazer o que até hoje profissionalmente faço. A experiência de interpretar e, inclusive, de ressignificar positivamente minha própria história possibilitou que eu tivesse uma nova visão sobre as coisas. O fracasso se dissolveu e com ele a vergonha, o que significou para mim uma grande mudança. Tenho muito a agradecer ao meu amigo por isso.

E você, quais partes da sua história você poderia interpretar e ressignificar? Existem histórias sobre as quais você poderia lançar um olhar mais positivo?

Impulsos de empatia

AFIRMAÇÃO: *Cometo erros e gentilmente os aceito.*

— A busca pela perfeição nos afasta. A quem você prefere: aquele empresário aparentemente perfeito, mas que é inacessível, ou aquela pessoa que persegue com ardor e paixão os seus sonhos e que, mesmo cometendo erros, aprende e cresce?

— Dê valor a cada erro que cometer. E se o erro trouxer importantes consequências para você, seja grato e aprenda com ele.

— Quando perceber que está no "modo fazer tudo certinho", interrompa-se, ria de si mesmo, caminhe um pouco pelo quarteirão e, se quiser gritar, grite, pois não é só num palco que isso é possível.

— Confira novamente os acontecimentos que considerou como "errados" ou "ruins". O que você pode tirar de bom deles? O que exatamente precisava aprender com eles?

Desconfiança e ciúme

Desconfiança

Em muitos relacionamentos existe desconfiança. O chefe averigua o trabalho de seus subalternos, a esposa ou namorada fica de orelha em pé se seu parceiro trabalha até tarde, a dona de casa que confere o troco e exclama que ali falta dinheiro. Em todos esses comportamentos esconde-se a falta de confiança no outro. Mesmo em nossa educação, os padrões que aprendemos nos impedem de acreditar que os outros nos querem bem, ou no mínimo que não nos farão mal. No entanto, é muito compreensível que entre nós haja desconfiança, pois não faltam matérias diárias sobre golpistas, bandidos, estupradores e toda sorte de coisas ruins vindas das pessoas a que estamos sujeitos. Algumas, para justificar suas suspeitas sobre outras, relatam experiências negativas que tiveram, e, não raro, ouvimos o ditado "melhor prevenir do que remediar", que demonstra o quanto naturalmente nos tornamos cautelosos nas relações com nossos semelhantes. Nós somos as eternas "crianças feridas" que esperam nunca mais viver experiências ruins. É exatamente nesse sentido que se deve tomar conscientemente a decisão de confiar. Meu amigo Jürgen Engel, instrutor de Comunicação Não Violenta, tem uma postura bem clara sobre confiança: "Eu posso optar por confiar, não posso esperar que seja fácil, mas posso decidir conscientemente fazer isso."

Já lemos a história de André, o homem que precisava pedir esmola. Quando divulguei minha intenção de ajudá-lo, postando no Facebook, a maioria das reações foram de profunda desconfiança. Fui advertida de que as histórias que ele contara poderiam ser um golpe para me tirar dinheiro; muitos conselhos foram postados junto a links que mostravam documentários sobre hordas de pessoas em condição de rua a praticarem extorsão. Outras vozes, mais sensibilizadas, foram solidárias e me disseram para seguir meu coração ou que, se estivessem em meu lugar, fariam o mesmo. E ainda houve discussão entre esses dois grupos.

Para mim, ficou bastante claro que a confiança e a vontade de ajudar andam lado a lado. Aqueles que me julgaram não tinham olhado nos olhos de André, nenhum deles tinha conversado com ele, ouvido sua voz ou visto a alegria dele quando eu o ouvia ou quando lhe levava do supermercado uma lata de sardinha.

Parece que confiamos nas pessoas que julgamos serem iguais a nós. Confiamos nas pessoas de mesmo nível social ou cultural, com valores, crenças, interesses e posição semelhantes. Se as pessoas são diferentes, são tratadas com desconfiança. Às vezes são coisas insignificantes pelas quais criamos preconceitos. Por exemplo, uma tatuadora de 22 anos, afável e gentil, disse-me que era muito discriminada por ter tatuagens nas mãos, embora não fossem de forma alguma agressivas ou desagradáveis. As pessoas a julgavam como criminosa ou algo desse tipo.

> Confiamos em quem é semelhante a nós.

Parece que tudo aquilo que é estranho ao nosso mapa mental, não importa o tamanho, nos causa desconfiança. Os estereótipos surgem e são a nossa medida para confiarmos ou não; rotulamos as pessoas, classificamos em tipos e as colocamos numa caixa. Lá elas ficarão até que entendamos que as pessoas são ótimas, mesmo tendo tatuagens. Até lá, preferimos ser leais às crenças e reservas do que às pessoas com quem vivemos.

Falando em lealdade, a desconfiança é um grande empecilho ao relacionamento romântico. Quando alguém tem experiências ruins em assuntos de relacionamento, talvez tendo sido enganado, traído ou abandonado, suas experiências formaram crenças e, portanto, padrões de comportamento que não são tão fáceis de superar. Em seu mapa mental foram registradas profundas marcas de mágoa e dor.

A esse respeito, surge a questão da empatia. Quem deve merecer mais empatia, o parceiro que recebe acusações infundadas porque o outro teve experiências ruins em outro relacionamento ou o que sofreu e, por isso, tem atitudes de desconfiança? É compreensível que a desconfiança persista, já que ninguém quer sofrer novamente. O novo parceiro só poderia quebrar esse padrão de crenças com muito amor e paciência e esperar que aos poucos o companheiro adquira confiança e se permita viver uma experiência nova.

Ciúme

O ciúme é um sentimento que possui uma reputação muito ruim. Ele é capaz de destruir tudo à volta e não deve acontecer num relacionamento. Ou pelo menos isso é o que se ouve o tempo todo. No entanto, no meu ponto de vista, o ciúme tem seu lado positivo e maravilhoso, pois ele pode estar nos dizendo: "Você é tão importante para mim que não quero perdê-lo."

O terapeuta de casais e escritor berlinense Wolfgang Krüger define três tipos de ciúme: o tipo leve, o tipo médio e o tipo compulsivo. São comportamentos diferentes que vão desde a checagem de mensagens no celular do parceiro até sua forma mais grave, que pode chegar a lesões físicas e emocionais e até mesmo à morte.

Wolfgang descreve em seu livro que muitas vezes, quando o parceiro sente ciúmes do outro, entra em um tal estado de empatia que consegue perceber comportamentos inusitados no parceiro, como intranquilidade, inquietação e falta de sinceridade. E, infelizmente, seu pressentimento se mostra correto.

No entanto, quando o ciúme é infundado, Wolfgang aconselha que o casal construa o que chamamos de medidas de confiança, já que não tem nada a esconder. É preciso que o sentimento de ciúme seja acolhido em sua forma positiva e tratado com amor, já que não há motivo para que exista. No entanto, sabemos que é muito difícil não contra-atacarmos aquele que nos acusa injustamente. Em todo caso, é importante que tanto o parceiro ciumento quanto o que é alvo desse sentimento construam bases de confiança sólidas no relacionamento.

Em uma conversa informal, Wolfgang me contou que em seu círculo de amigos havia também muitas mulheres e que sua nova namorada começara a desconfiar e a ter ciúmes. Para terminar com esse sentimento, ele resolveu dar uma festa em sua casa e convidou todos os amigos, inclusive as mulheres. Assim, ele pôde apresentá-las à namorada, que a partir de então se sentiu mais segura no relacionamento porque percebeu que seu ciúme era infundado.

Muitos desejariam lidar com o ciúme com tal abertura, mas, na realidade, esse sentimento, expresso ou não, costuma suscitar sofrimento, porque os parceiros se sentem injustiçados. O resultado é que se fecham ainda mais, em vez de se abrirem ou se ajudarem mutuamente em seus precipícios espirituais, e então surge a distância, porque, por um lado, há o sofrimento de quem sente ciúme, que não escolheu voluntariamente esse sentimento talvez originado de uma profunda insegurança, e, por outro, há aquele que se sente ultrajado pela desconfiança do parceiro.

Essa e outras semelhantes disputas não são exclusivas de relacionamentos entre casais, mas também acontecem nas amizades, nas relações de trabalho e familiares. Infelizmente, quando olhamos para o outro através das lentes da desconfiança, cada palavra dita ou cada comportamento é colocado numa balança para ser medido e avaliado. Seria para todos de grande valia reconhecer esses padrões, dar nomes a eles e fazer algo a respeito, pois a confiança é uma decisão a ser praticada ativamente. E, se possível, ajude a todos a confiar novamente.

Impulsos de empatia

AFIRMAÇÃO: *Eu decido confiar nas pessoas com quem me relaciono.*

— Sentir confiança nos tranquiliza.
— Posso oferecer confiança, desde que não seja atacado injustamente.
— Analise em quais áreas da vida você se sente mais inseguro e desconfia de si mesmo. Decida por dar fim a esses pensamentos e a confiar em si mesmo.
— Decida por confiar em pessoas que, aparentemente, são diferentes de você. Procure por semelhanças: somos todos humanos.
— Confiar vale sempre a pena!

Falar restringe a empatia

"Tenho tal medo da palavra dos homens.
Eles exprimem tudo com tanta clareza."

(RAINER MARIA RILKE)

A comunicação é importantíssima. Comunicarmo-nos uns com os outros é essencial. No entanto, muitas vezes, a empatia não exige palavras e é fato que falar em determinadas situações embota ou atrapalha nosso desejo de ajudar. Há perigo também nas palavras, elas podem ser recebidas como uma imposição de nossas verdades, e não necessariamente nossas verdades são as que as pessoas precisam ouvir. A simples presença é muito mais significativa do que ter algo a dizer. Estar presente verdadeiramente, disposto a ouvir as dores e angústias de alguém, pode ser muito mais acolhedor e amoroso do que elaborar palavras reconfortantes. Segundo Jürgen Engel, estar presente para alguém, estar ali com ele e para ele, é pré-requisito para a empatia: "Certa vez, em um momento difícil, tive a presença de uma pessoa que nada disse, apenas ficou lá comigo e me ouviu. E ela fez muito por mim, estava lá e se mostrou empática, era o que eu precisava e o que ajudou a me reorganizar."

> Às vezes funciona sem palavras.

O criador da metodologia "Comunicação Não Violenta", Marshall B. Rosenberg, definiu muito claramente que falar pode até impossibilitar a que haja empatia. Em seu livro *Comunicação Não Violenta*, ele relata que muitas vezes colocamos expectativas e verdades nas palavras que fazem parte do nosso mapa mental, mas são nossas considerações sobre o mundo e talvez não sejam exatamente do que o outro precisa. Por mais que sejamos bem-intencionados, nossa maneira de ver a situação não necessariamente encontra ressonância na pessoa a quem desejamos ajudar.

Seguem, abaixo listadas, dez formas inadequadas de comunicação que, segundo Rosenberg e sua colega Holley Humphrey, impedem a empatia de se manifestar:

1. **Aconselhar.** Somos mesmo muito sábios quando a coisa não é conosco, não é? Então podemos dar "dicas" de relacionamento sem ao menos termos a mínima experiência sobre isso. Aconselhamentos são bem-vindos apenas quando os outros querem ouvir, mas, infelizmente, não é o que acontece, geralmente falamos sem sermos solicitados.

2. **Fazer transferências.** Frequentemente, quando queremos nos mostrar empáticos, acabamos por relatar experiências nossas e relegamos o que o outro está passando a um segundo plano. Nesse caso, já não se trata mais do outro e de suas necessidades, mas da identificação que a dor do outro provocou em nós.

3. **Ensinar.** Realmente esse é um assunto bastante delicado. Mesmo que tenhamos a melhor das intenções, quando pretendemos ensinar ao outro alguma coisa a respeito de suas questões, colocamo-nos numa posição de superioridade, e, mesmo sem querer, essa postura pode causar ressentimento, distanciamento e inimizade.

4. **Confortar.** Confortar o outro em seus momentos de aflição é saudável e empático, no entanto devemos tomar cuidado para não assumirmos como nossas as feridas alheias, pois isso nos desenergiza e pode tirar a responsabilidade do outro daquilo que ele precisa aprender para evoluir.

5. **Contar histórias.** Muitas pessoas acreditam que contar histórias, suas ou que tenha assistido por aí, seja um ato de empatia. Esperam por uma palavra-chave, assumem o comando e pronto! Lá vem história! No entanto, trata-se muito mais de falar sobre si mesmo do que de dar importância ao sofrimento do outro.

6. **Minimizar o sofrimento.** "Ah, vamos lá, não fique desse jeito! Afinal, não é tão ruim assim!" Com essa atitude, desvalorizamos os sentimentos dos outros. Claro que pode ser útil ressignificar o sofrimento da pessoa em uma perspectiva positiva, mas, antes de tudo, quem sofre precisa de espaço para falar sobre suas dores, quer ser ouvido. Devemos possibilitar isso, antes de julgarmos.

7. **Sentir pena.** Sentir pena de alguém é muito diferente de ter empatia, embora sejam esses termos associados um ao outro. Quando sentimos pena de alguém, acontece um processo interno de comparação, com isso nos sentimos bem por não estarmos no lugar do outro. Instala-se, portanto, uma condição de superioridade, enquanto a empatia nos coloca na mesma posição do outro.

8. **Interrogar.** Quando insistimos em saber pormenores de uma questão que aflige alguém, deixamos o outro desconfortável, pois para ele os detalhes são irrelevantes; um interrogatório não propicia uma comunicação empática.

9. **Explicar.** Se procuramos explicar nosso comportamento com desculpas hipócritas, tal atitude nada tem a ver com o outro e serve apenas ao bem-estar pessoal.

10. **Corrigir.** "Você entendeu mal! Você precisa ver de outra maneira! Não foi nada disso!" Essas declarações são como um balde de gelo

na comunicação. Quem é que quer ser corrigido? Como você se sentiria se seus sentimentos fossem menosprezados e fosse aconselhado a sentir de outra maneira? Sentimentos são sentimentos, cada um interpreta e sente segundo suas experiências, portanto, tentar corrigir o outro não é empatia.

Eu gostaria ainda de acrescentar:

11. **Comentar.** As pessoas constantemente se intrometem nas coisas dos outros, analisam, classificam, rotulam. Desse modo, quem realmente necessita de ajuda se sente observado e discriminado, e qualquer palavra ainda pode significar maior distanciamento à empatia.

12. **Controlar.** Confiança é essencial, mas será que o controle também é? Em certos aspectos, o controle é fundamental, por exemplo, em relação à tecnologia e à segurança, mas as relações pessoais se tornam difíceis quando as pessoas se sentem controladas, porque o controle implica desconfiança, e a desconfiança não liberta.

13. **Defender-se.** Se criticamos as pessoas por algo que fizeram, elas tendem imediatamente a se defender: "Mas isso não é verdade, eu não quis dizer isso!" Nesse caso, é bom esclarecer as coisas, pois revidar implica em dar continuidade às lamentações e não permite que ouçamos o outro e suas reais necessidades.

Parece muito complicado, não? Tudo que foi descrito acima, no entanto, a meu ver, pode permitir que haja empatia, se soubermos nos comportar com sabedoria. Por exemplo, se queremos ajudar, podemos perguntar à pessoa que está com algum problema se ela gostaria de um conselho ou de ouvir algo semelhante que nos aconteceu. Poderíamos introduzir nossa boa intenção, por exemplo, com: "Algo parecido aconteceu comigo, ajudaria se eu contasse?" ou "Você gostaria de um conselho?".

Quando nossa vontade de dizer algo atende realmente aqueles que estão sofrendo, não há problema nisso, mas é bom pensar e observar o que a pessoa precisa naquele momento.

Impulsos de empatia

AFIRMAÇÃO: *Eu escolho com sabedoria quando devo falar ou quando devo ficar em silêncio.*

— Falar nem sempre é adequado. Às vezes, o silêncio é o melhor conselheiro.
— Questione-se primeiro: "O que vou dizer é por empatia, por necessidade de me expressar ou para tentar mudar o outro?"
— Tenho mesmo certeza de que o que vou dizer contribui para ajudar?
— Se realmente falamos com empatia, acontece naturalmente uma conexão com as necessidades do outro e com as coisas que se relacionam a ele.

O que o agricultor não conhece ele não come: vivendo na zona de conforto

Esse ditado descreve muito bem que não queremos experimentar o que não conhecemos. Poderíamos pensar da mesma forma a respeito do tema deste livro, poderíamos dizer que aquilo que não conhecemos não sentimos, porque temos a tendência a resistir àquilo que nos é estranho. Somos naturalmente céticos a tudo que o nosso mapa interno não nos tenha revelado. Assim sendo, parece que de fato as pessoas que viram e experimentaram muitas coisas na vida são as mais generosas e de coração mais aberto do que as pessoas que passam a vida no mesmo lugar, fazendo a mesma viagem todos os anos no verão, com as mesmas pessoas. Estas têm uma visão restrita e superficial da vida.

"Zona de conforto" é um termo utilizado no coaching para descrever um modo de vida em que nos sentimos confortáveis e seguros, no qual não corremos riscos. Para alguns, essa zona é estreita e acolhedora, na qual os processos são familiares e os terrenos conhecidos. São pessoas que se acomodam em um restrito círculo que lhes oferece segurança. Por outro lado, há pessoas que ampliam seus horizontes e o mundo inteiro faz parte de sua zona de conforto. São pessoas que não fogem das situações, são desbravadoras, conquistam o desconhecido e aceitam os riscos que esse modo de pensar a vida lhes impõe. Não há distância, perigos ou estranheza para elas. Entretanto, há variada extensão da zona de conforto, pois cada pessoa tem a própria amplitude de atuação e, consequentemente, sua zona própria de conforto.

A cruz de Riemann-Thomann

A cruz de Riemann-Thomann, modelo com o qual gosto muito de trabalhar, é um estudo psicológico que descreve quatro características básicas da personalidade humana que facilitam ou dificultam sair da zona de conforto. Em sua obra *Die Grundformen der Angst* [As formas básicas do medo], o psicólogo Fritz Riemann originalmente descreveu essas quatro formas de personalidade como: persistente, distante, mutável e próxima. Formando uma cruz, encontram-se no mesmo eixo, em pontas opostas, as características persistente e mutável, próxima e distante. Essas quatro características da personalidade humana são descritas por ele da seguinte forma:

Personalidade próxima: são pessoas que gostam de lidar com as outras, adoram conversar, estar em contato. São emocionais, amam a harmonia e, em caso de conflito, procuram formas de resolvê-lo o mais amigavelmente e rápido possível. Como são emotivas, tendem a se apegar aos outros.

Personalidade distante: são pessoas que gostam de ficar sozinhas e de resolver tudo sem ajuda. Preferem a paz e a tranquilidade à agitação. Se entram em conflito com alguém, preferem resolver a questão consigo a ter que falar com o outro. Quando essa característica é acentuada, a pessoa busca o total isolamento.

Personalidade mutável: são pessoas altamente criativas, que vivem em busca de inspiração. Apreciam viajar, conhecer outros lugares, pessoas, costumes e culturas. São curiosos e investigativos, criativos e espontâneos, espirituosos em qualquer comunicação. Quando em desequilíbrio, pessoas que apresentam essa personalidade tornam-se instáveis e excessivamente inquietas.

Personalidade persistente: são pessoas organizadas, detalhistas, estruturadas e metódicas, que trabalham muito bem com métodos e processos. Sentem-se seguras em estruturas rígidas e equilibradas. São pessoas que exalam calma e segurança. Quando essas características se apresentam exageradas, podem levar a transtornos obsessivo-compulsivos.

Todos os seres humanos possuem essas quatro características em maior ou menor grau, havendo, no entanto, a predominância de uma delas. Eu mesma me revelo uma personalidade tanto mutável quanto próxima, ao mesmo tempo que reconheço em mim, mas em menor grau, a personalidade persistente e a distante. Mais forte, entretanto, é a personalidade mutável, já que a curiosidade pelo novo e o desejo por harmonia, pertencimento e conexão com os outros são minha tônica pessoal.

Mas por que estou trazendo para vocês esse modelo? Simples: ele nos propicia uma melhor compreensão de por que as pessoas permanecem em suas zonas de conforto e pouco querem se lançar ao desconhecido.

> Cada um de nós é um estranho para o outro.

Algumas pessoas precisam de mais tempo para permitir a proximidade de outros e para sair do rumo habitual. Por exemplo, para uma pessoa de personalidade mutável, é muito fácil se introduzir em uma outra cultura, o que para uma pessoa de personalidade persistente é quase impossível. Enquanto para a personalidade do tipo próxima qualquer conflito é rapidamente compreendido e solucionado, para a personalidade do tipo distante muito tempo será preciso para que ela consiga se resolver com os outros.

Cada pessoa é de um jeito e cada um caminha neste mundo de acordo com isso, por isso esse modelo para mim é esclarecedor quando desejo não só me conhecer melhor, mas também aos outros. É claro que essas classificações podem rotular as pessoas e encaixá-las em determinadas categorias segundo critérios pré-estabelecidos. No entanto, também possibilitam que compreendamos o comportamento dos indivíduos e torna possível a empatia, pois com esse modelo dá para entender determinado comportamento de um indivíduo.

Esses quatro alinhamentos da cruz de Riemann-Thomann descrevem nossas quatro zonas de conforto pessoais, das quais podemos sair quando quisermos — e essa é a beleza disso — para nos desenvolvermos, para evoluirmos como pessoas. Para mim, pessoalmente, significa que não me tornarei uma pessoa de personalidade plenamente persistente, mas posso perceber facetas disso em mim (chamo a essas percepções, carinhosamente, de "momentos de monge"). Eu sorrio para as facetas das minhas imperfeições, aceito-as, acolho-as e as acho engraçadas.

Impulsos de empatia

AFIRMAÇÃO: *Estendo meus limites o máximo possível para obter uma visão mais ampla do mundo.*

- Zona de conforto é o que nos deixa seguros e confortáveis.
- A zona de conforto contém uma visão estreita do mundo e exclui o que está fora dela.
- Se minha zona de conforto me incita a julgar os outros porque são diferentes de mim, é hora de mudá-la ou de sair dela.
- A cruz de Riemann-Thomann oferece uma forma fácil de enxergar os outros e de entender por que agem de determinada maneira.
- Todo mundo é engraçado de forma diferente. :-)
- Quão maravilhoso e excitante é o mundo e quanto ainda temos para aprender, se abrirmos nossos corações para reconhecer as coisas que podem ser feitas fora da zona de conforto.

Medo: a origem de tudo

Tudo que bloqueia a empatia pode ser relacionado ao medo. O medo corrói nossa alma, nos paralisa e nos faz virar as costas para os outros. É ele o responsável pela desconfiança, pelo julgamento, pela dúvida e pelo egocentrismo. Não deixa de ser uma defesa natural, no entanto, nos torna isolados do mundo e insensíveis ao outro. O único antídoto possível ao medo é o *amor*. O amor pelos nossos semelhantes abre espaço à empatia porque oferece confiança e as pessoas podem se aproximar sem medo de julgamento ou de rejeição.

3. A VISÃO SE ABRE: DEZ IMPULSIONADORES DE EMPATIA

Se, por um lado, o medo nos paralisa e impede comportamentos de acolhimento às dores dos outros, por outro, é a empatia e a compaixão que os fazem florescer. Assim, que tipos de comportamento tornariam possível sermos novamente receptivos ao outro e ao mesmo tempo nos manter seguros? Como podemos partilhar do sofrimento dos outros e, ao mesmo tempo, manter equilibrados nosso ser e nossa personalidade? Podemos manifestar empatia e mantermos os pés no chão? Eu acredito que seja possível, sim. Acredito também que são necessários novos conceitos e inspiração para mudar nossa visão estreita, encontrar um equilíbrio dentro de nós, de forma que possamos tanto nos mantermos seguros quanto abrirmos os braços para o outro, sem julgamentos ou preconceitos.

A força que torna possível a empatia é o amor. Somente quando amamos podemos ser empáticos, e para isso é necessário que primeiro amemos nosso próprio ser, pois assim poderemos reconhecer o amor em nossos pensamentos e sentimentos e direcioná-lo a nossos semelhantes. Aqui não se trata do amor romântico ou passional que experimentamos nos relacionamentos, mas do sentimento de amor incondicional a todas as coisas.

Esse olhar gentil e incondicional ao mundo parece fácil, mas infelizmente não é, pois desde cedo fomos condicionados a sentir medo e a nos proteger. Nossos sentimentos e pensamentos estão impregnados pelo que nos assusta, por isso não somos preparados para reconhecer e acolher as necessidades dos outros. Assim, o sentimento de empatia cada vez mais se torna irrelevante, porque estamos sempre preocupados com nós mesmos.

No entanto, o amor pelos outros é de vital importância para uma coexistência pacífica, o estado de amor nos torna delicados, receptivos e impede que queiramos a todo custo ser melhores do que os outros, impede que sejamos donos da verdade, impede que cataloguemos a conduta dos outros em certas ou erradas.

Os capítulos seguintes não são um treinamento sofisticado em empatia. Neles são oferecidas ideias que, se cultivadas, podem abrir nossos corações à empatia e ao amor. Adiante são apresentadas ideias que resultaram não só de experiências dolorosas, mas também de processos intuitivos internos. São sugestões para pequenas ações diárias ou para mudanças de mentalidade, e, se você tiver outras sugestões, escreva para mim em www.empathie-revolution.de.

Fazer uma pausa

Em minha opinião, para criar e fortalecer comportamentos empáticos, não é preciso nenhuma mágica. Se desejamos desenvolver essa habilidade, é preciso que conscientemente nos esforcemos, é preciso a coragem de mudar para agir com empatia diante de situações, acontecimentos ou pessoas. Uma pausa consciente é fundamental num primeiro momento para que possamos perceber que uma pessoa pode ter sentimentos diferentes dos nossos em determinada situação. Essa percepção é seguida por uma verdadeira tentativa de nos abrirmos às necessidades dos outros. Muitas vezes esse processo pode nos trazer dor ou perturbação, mas pode nos tirar também da zona de conforto, por meio da qual nos isolamos e nos distanciamos dos outros, e lançar uma nova perspectiva em nossas consciências. Ousar é preciso!

Estamos envolvidos em um mundo tecnológico em que a todo momento ficamos sujeitos a ruídos sociais: uma hora é um estímulo que nos alcança, uma mensagem nas redes sociais, uma publicidade; a esta segue outra e mais outra, não temos tempo para perceber em profundidade o que acontece ao nosso redor, nosso olhar passeia apenas na superfície das coisas. Se no mundo real, nas mídias sociais ou na interseção um a um, fato é que somos constantemente bombardeados com propagandas, publicidade, reportagens, anúncios, demandas, belas tentações ou perigosas ameaças. Enfim, todas essas coisas caem sobre nós incessantemente. Por isso, não temos mais tempo para digerir nada e muito menos há tempo para deixar que os outros cheguem a nós. O que em determinado momento parece ser de vital importância e urgente cede lugar para algo que causa, também temporariamente, maior impacto. Nossos sentimentos estão em constante variação, entre altos e baixos, alternam-se em ritmo acelerado, perdem fôlego, tornam-se mais superficiais. Apenas raramente deixamos que algo nos toque verdadeiramente, pois não sobra tempo para ser diferente disso. Por essas razões, precisamos de uma pausa, de quietude e de relaxamento para nos conscientizarmos do que está acontecendo. Percebo isso em mim, em fases muito estressantes de minha vida, não tenho tempo para parar e perceber as necessidades de meus amigos, não sou boa mãe nesses momentos, entro em discussão com meu parceiro sobre pequenas coisas e fico com meu smartphone na mão para não perder nada do que acontece lá fora, para poder prontamente responder ao próximo cliente ou enviar a um colega um artigo interessante. Em algum momento, paro e percebo que estou irritada e sobrecarregada, e tenho a sensação de que não posso mais cumprir com minhas obrigações. Então cresce o desejo de estar comigo novamente, de encontrar meu centro.

Parece-me que a expressão "encontrar o seu centro" tem uma reputação ruim porque pode remeter a esoterismo ou a coisas espirituais. Podemos chamar do que quisermos, pois, na verdade, significa esgotamento. Todos conhecemos esse sentimento que nos leva ao limite, conhecido como *burn-out*, síndrome em que as pessoas não mais agem, apenas reagem, não conseguem manter uma respiração equilibrada e não sentem mais nada. São como robôs funcionando no automático. Quando se chega a esse ponto, o melhor é fazer uma pausa, e sobre isso me vem à cabeça o nome de uma música: "Stop in The Name of Love" [Pare em nome do amor], executada pelo trio The Supremes. Na verdade, é necessário desacelerar para voltar a um estado de equilíbrio e de amorosidade.

Num alto nível de estresse, não é possível perceber o mundo como ele é, apenas vemos parte dele, ou seja, a parte que nos toca de imediato, apenas aquilo de que precisamos para a sobrevivência, e, sendo assim, não percebemos as emoções dos outros. Quanto mais pessoas andam por aí com as vendas que eles próprios puseram nos olhos, mais as situações aparentam ser mais difíceis do que na realidade são, mais egocêntrica se torna a comunicação, mais sem razão se tornam os encontros. É por isso que precisamos parar tudo e nos retirar do redemoinho das coisas, é preciso uma pausa para respirar. E, então, vem a pergunta: mas como fazer isso?

Há várias maneiras pelas quais podemos evitar o estresse e o colapso. Muitas vezes basta a atenção de um amigo que nos diz, delicadamente, que é hora de parar e relaxar, até que percebamos que não somos a melhor versão de nós mesmos no momento.

Presença e consciência corporal

Para termos empatia com os outros, temos que estar bem conosco, estar em contato com nosso corpo, efetivamente sentirmo-nos. Se conseguimos, podemos dizer que nossos corações e mentes seguem juntos na mesma direção. Porém, isso não acontece automaticamente, é preciso tomar essa decisão e, não raro, repetidas vezes, porque é necessário energia para isso.

A instrutora e especialista do método Grinberg, Christine Gundlach, trabalha com seus clientes a percepção do corpo. Ela mostra que a questão central é a respiração, que pode ser percebida em diferentes partes do corpo, no peito, nos flancos, nas costas, no abdômen. A respiração se adapta automaticamente a cada atividade; se andamos rapidamente, ela se comporta diferente de quando estamos relaxados; se nos assustamos, suspiramos profundamente; se estamos deitados ao sol, ela flui calma e uniformemente. Trabalhar a respiração é uma maneira maravilhosa de escapar dos filmes mentais desagradáveis e voltar ao corpo. Ela propicia que estejamos presentes no agora e nos conectemos a todos ao redor, se assim decidimos fazer. Em resumo, minha atenção está onde meu corpo está, isto é, no aqui e agora. Se nossos corpos pudessem falar, diriam que esse é o estado natural de relaxamento.

O método Grinberg é uma abordagem relativamente desconhecida que visa à melhor consciência corporal para tornar possível liberar as sensações de dor, tristeza e outros estados emocionais, além de fortalecer ou recuperar qualidades como capacidade de concentração, clareza de pensamentos e desenvolvimento da criatividade. O método permite aprender com e sobre as linguagens do próprio corpo. A ideia é dar suporte às pessoas na relação com o corpo, consigo mesmas e com os outros. É, segundo Christine, um método poderoso, criativo e eficaz.

Segundo a especialista, o corpo não faz distinção entre dor emocional ou física; para ele, uma dor causada por frustração amorosa é a mesma que a de um braço quebrado. Ninguém gosta de sentir dor, mas ser capaz de perceber e distinguir é essencial para a sobrevivência. Do ponto de vista apenas físico, a dor de um braço quebrado tem maior relevância. Christine diz que, se focarmos nossa atenção nesse tipo de dor, em vez de evitá-la, o corpo geralmente colabora para que a dor diminua. Da mesma forma que procuramos ignorar os sinais da dor física, assim também fazemos com os sentimentos. E, segundo ela, estes se prolongam porque querem ser vistos e nós lhes negamos atenção.

Para estarmos atentos a nossos sentimentos, precisamos perceber os sinais que nossos corpos querem nos mostrar, e isso requer comprometimento e energia. Se, por exemplo, contra nossos sentimentos nos obrigamos a sorrir, tempo virá que pagaremos essa conta, pois quanto mais mantivermos uma expressão falsa e artificial, mais nosso humor ficará comprometido e mais esforço teremos que fazer. Entretanto, esforços constantes criam bloqueios no corpo. O método Grinberg trabalha com vários tipos de terapias, como técnicas respiratórias, ioga, treinamento em concentração plena e outras tantas abordagens que visam à liberação de bloqueios físicos. Por meio dessas variadas terapias, as partes do corpo afetadas são relaxadas, ventiladas, tocadas e sentidas. Com uma consciência corporal sadia, ficamos mais propensos a ser compassivos conosco e capazes de estar presente para os outros. Isso acontece não em virtude do raciocínio, mas por meio da participação ativa do corpo. Christine ainda aponta as diferenças entre a performance e a verdadeira presença, pois se represento, como um ator, e me nego a incorporar meus sentimentos, em vez de experimentá-los, estou apenas usando o raciocínio e não realmente sentindo. Nesse sentido, se sou incapaz de realmente viver e expressar o que sinto de verdade, fico apenas repetindo uma ladainha que pertence a um personagem criado por mim, mas que não sou eu. Com o tempo, de tanto repetir frases prontas, instala-se um hábito, acaba-se por acreditar, e estas se tornam parte do caráter. Quando ficamos repetindo coisas do tipo: "quero que gostem de mim", "me preocupo com o que pensam de mim", "sou muito tímido" etc., a única coisa que disso resulta é isolamento, o que não propicia a que a empatia se manifeste. Estar dentro de si mesmo, isolado e distante dos sentimentos protagoniza apenas um filme mental egocêntrico.

Christine Gundlach explica ainda que a abertura ao outro surge primeiro no corpo. Quando nos propomos à abertura dos nossos sentimentos, podemos "ler" nossos interlocutores e até além daquilo que sua linguagem corporal demonstra. Todos conhecemos esse fenômeno que acontece com pessoas nas quais confiamos. Sentimos quando nossos parceiros não estão bem, mesmo que estejam em uma viagem de negócios na Austrália, podemos ver quando uma querida amiga está apaixonada, mesmo que não nos tenha falado disso. Se quisermos conhecer pessoas não tão próximas ou mesmo estranhas, podemos treinar a leitura corporal para melhor entendê-las ou até mesmo para reconquistá-las.

Meditação: silêncio, coração aberto

Para muitas pessoas, meditar significa sentar-se em uma almofada e manter mente e corpo quietos. Por sorte, a meditação está na moda, tanto que em alguns círculos ela é quase obrigatória e não é mais embaraçoso dizer essa palavra. Inclusive, ficar em silêncio ganhou popularidade e alguns artistas nos mostram diferentes abordagens dessa prática.

Silêncio é a linguagem de Deus, tudo o mais é mera tradução.

Tudo pode mudar se conseguirmos parar o carrossel que são nossos pensamentos. No entanto, conseguir isso é uma luta, porque não só a mente gosta, como está condicionada a pensar vigorosa e ininterruptamente, e domar essa tendência exige força e determinação. No budismo, os monges dizem que temos que domar nosso touro interior, pois os pensamentos são fortes nesse nível. Pior do que sermos assolados por pensamentos é que estes muitas vezes não correspondem a uma realidade, e é por isso que vale a pena acalmar a mente. Nada perdemos se mantivermos a mente em silêncio, pelo contrário. Na melhor das hipóteses, perdemos apenas o que torna a vida difícil, porque muitas vezes nossos pensamentos são insuportáveis; eles nos antagonizam, criam ilusórios filmes mentais, levam-nos a exigir que nossas fraquezas sejam aceitas e apaziguadas pelos outros. Tantas vezes nos conformamos a acreditar, que nem sequer verificamos se há alguma verdade neles.

Eckhart Tolle[4] acredita que nossos pensamentos causam a maior parte do sofrimento do mundo, porque nos identificamos fortemente com eles. Ele defende que devemos observar os pensamentos com uma autoridade superior a eles, manter um certo distanciamento para aprender a duvidar. Ele acredita que os pensamentos pertinentes surgem no silêncio, quando não avaliamos tanto.

---

[4] Eckhart Tolle, escritor e conferencista alemão, conhecido como autor de *best-sellers* sobre iluminação espiritual. (N. da T.)

Sem dúvida, há pensamentos que inspiram e contribuem para o desenvolvimento do mundo. Porém, a armadilha está em quando ruminamos, quando brigamos, quando não encontramos respostas e teimamos em continuar procurando por elas. E são nesses casos em que a mente só anseia por descanso, que mais é preciso nos aquietar.

"Fique em silêncio e conseguirá clareza em seus pensamentos."
(Katja Sterzenbach)

Nos últimos anos, conheci vários tipos de meditação; a meditação guiada, em que alguém fala e a guia por meio de comandos, geralmente acompanhada de música suave; meditação silenciosa, em que nos sentamos e permanecemos em silêncio; meditação respiratória, em que nos concentramos nos movimentos respiratórios; e meditação em movimentos, em que nos concentramos no deslizar e no levantar de nossos passos. Todas essas formas são significativas para mim, dependendo do momento, me identifico com uma ou outra. Seja qual for a forma escolhida (desde que não haja nenhum transtorno de personalidade ou de ansiedade), sempre promove paz em nossas almas. Difundiu-se que para a meditação ter efeitos positivos, seria necessário praticá-la todos os dias por longas horas. Não acredito nisso; para mim, basta que consigamos colocar nossa mente em silêncio pelo tempo possível, em qualquer lugar que estejamos, seja num avião, ônibus ou durante as refeições. Uns poucos minutos, meditando com qualidade, bastam para parar nossos pensamentos e nos revitalizar.

Interrupção

Para que seja possível fazer essa pausa interior, devemos controlar o nível de acesso aos estímulos a que estamos expostos neste mundo, tomar ciência de que somos incessantemente bombardeados de informações e interromper esse fluxo. Para conscientemente interromper essa demanda, as seguintes ações podem ajudar:

- Trocar de um local para outro;
- Usar uma pulseira de borracha e, vez ou outra, trocá-la de um braço para outro;
- Prestar atenção à respiração. Por qual parte do corpo estamos respirando?;
- Respirar profundamente por três vezes;
- Ouvir a própria voz enquanto fala: prestar atenção ao tom e à entonação de voz. A voz está relaxada? Temerosa? Descontraída?;
- Ouvir música alta;
- Movimentar o corpo;
- Manter o corpo relaxado;
- Sobre as tensões no corpo: perceber exatamente o que estamos vendo;
- Olfato: parar e perceber os aromas que estão presentes no local.

O objetivo de fazer uma pausa deste mundo é estar no aqui e no agora, e posso pensar em muitas formas de fazer isso. Thich Nhat Hanh, professor de meditação, poeta e mestre zen-budista, em seu livro *A arte de se comunicar*, recomenda a caminhada e a respiração conscientes como requisito básico para uma comunicação efetiva. Ainda nos recomenda ativar um alarme, no computador ou no celular, de forma que nos lembre de retornarmos para dentro de nós. Muitas vezes é suficiente sorrir, inspirar e expirar por três vezes, o que permite, imediatamente, estar atentos a nós mesmos.

Podemos criar também outras maneiras — por exemplo, todas as vezes que meu telefone toca, eu me sento, inspiro e expiro profundamente. Condicionei-me a todas as vezes que passo por uma determinada porta, parar e fechar os olhos, assim como quando um filme mental me surpreende, paro, suspiro e interrompo o pensamento.

Impulsos de empatia

AFIRMAÇÃO: *O silêncio acalma minha alma e me permite respirar profundamente e estar comigo mesmo.*

— Fazer uma pausa do mundo exterior é um grande trunfo para nós.
— A empatia necessita de uma pausa para se desenvolver.
— O corpo nos auxilia a um novo posicionamento.
— Ficar atento à respiração para interromper pensamentos e atitudes.

O momento mágico

O que há de maravilhoso em nos mantermos conscientemente presentes em nós mesmos é o fato de conseguirmos enxergar as coisas por outros ângulos, com a imparcialidade de um árbitro, ouvir nossa voz interior, pois é assim que obtemos as respostas para nossas vidas.

O neurologista e psiquiatra austríaco, Viktor E. Frankl, certa vez assegurou que a liberdade humana está no intervalo entre o estímulo e a reação. Como disse também o poeta *sufi* Rumi: "Entre o certo e o errado há um lugar." Lá nos encontramos e, nesse encontro, é possível o distanciamento de nosso mapa interno para estarmos dispostos a ver as coisas de maneira diferente e dar aos pensamentos e sentimentos dos outros o espaço de que precisam. Esse é um momento mágico, que descobre outros mundos, e essa maneira de pensar, ou melhor, de "ser", exige abertura, criatividade e permeabilidade; não apenas temos que ousar questionar nossa própria visão de mundo e dos seres humanos para nos deixar tocar por seus sentimentos, mas também construir a confiança na humanidade, acreditar que ninguém quer nos prejudicar ou ferir, e suportar a nossa própria vulnerabilidade. Esse momento se torna ainda mais mágico quando as pessoas baixam suas resistências, abrandam suas atitudes e, desarmadas, nos olham nos olhos — então a magia se torna possível.

Tais momentos surgem, por exemplo, após uma intensa luta. Eles acontecem quando batalhamos e resistimos, quando nossas mentes já atingiram seus limites, quando estamos machucados e nos sentimos humilhados. Entretanto, podemos proceder de forma a acelerar essa magia:

Quando não estamos mais na defensiva, o caminho fica aberto para a empatia.

Esse também é o momento em que viramos às costas aos sentimentos negativos, momento em que soltamos tudo e nos dispomos vulneráveis, momentos em que nos permitimos ser humanos, revelando nossas almas e convidando os outros a olharem ao redor. É nesse estado de abertura que nos permitimos nos interessar pela opinião alheia, ouvir e compreender os outros. Hoje em dia, alguns interpretam essa atitude como uma fraqueza, porque o mundo é direcionado à busca por resultados, no entanto, isso é um mal-entendido, porque a verdadeira força está na abertura ao outro e na compreensão das suas necessidades. Significa que não estamos presos ao que achamos que a vida deveria ser, mas abertos a crescer uns com os outros, aceitar que nossos valores podem ser questionáveis, tanto por nós quanto pelos outros.

A empatia só acontece verdadeiramente se nos abrirmos para acolher o outro, se fizermos uma pausa para olhar em nosso interior, ressignificar sentimentos e pensamentos, crescer juntos e nos deixarmos tocar.

Impulsos de empatia

AFIRMAÇÃO: *Estou pronto para me desviar dos padrões mentais e dos pensamentos e atitudes automáticos.*

— Criar tantos momentos mágicos quanto possível;
— Reconhecer padrões com os quais reagimos: pensamentos críticos e ofensivos não nos levam a lugar algum;
— Querer sempre ter razão é o oposto de uma postura empática;
— "Onde há problemas, há amor", como diz sempre o monge Thero;
— Não é bom conselho classificar algo ou alguém como "certo" ou "errado".

O pensamento muda a direção

Quando fazemos uma pausa e nos permitimos olhar para nosso interior, conscientemente nos afastamos do que julgamos estar certo ou errado, ficamos livres do ego, dos julgamentos, de não sermos perfeitos ou autossuficientes. Não estamos mais no devir, mas sim plenamente no aqui e agora, e nos tornamos receptivos às ideias dos nossos semelhantes. Então, dessa postura surge o momento mágico.

Parece perfeito, não? No entanto, é uma das tarefas emocionais mais desanimadoras, pois não nos isenta de sofrimento. Embora, como instrutora, minha atuação profissional possa ser efetiva para os sentimentos dos clientes, em minha vida privada, não logro tanto sucesso assim.

Na vida privada, a intimidade entre os pares tem outros aspectos, pois nela somos muito vulneráveis e sensíveis ao outro. Ninguém está a salvo de ter seus valores e crenças questionados, e, na intimidade, somos colocados à prova. As experiências dolorosas e os traumas ressoam subliminarmente, desencadeiam intensos sentimentos em nossos relacionamentos e podem nos deixar em pânico, sem que conscientemente nos demos conta disso.

Digamos, então, que duas pessoas tenham um conflito. A atmosfera é tensa e as opiniões divergem grandemente. E agora, como agir? Supondo que você tenha participação nisso e decida agir com empatia, o primeiro passo a dar em prol dela seria:

Expirar!

Enquanto demoradamente libera todo o ar, pense:

Eu não tenho que ter razão!

Depois disso, sinta seu corpo — como está sua postura? Observe todas as partes de seu corpo e pergunte-se onde há maior tensão. Os punhos estão cerrados, a testa enrugada? Como realmente me sinto neste momento? Avalie-se; estipule um valor de 1 a 10: 1 para um estado de autoridade incapaz de abrir mão de ter razão e 10 se perceber que está no estado totalmente pronto para mudar de atitude. Disponha-se a acompanhar a contagem até o ponto que sinta ser o mais próximo possível do número máximo, no caso, 10!

Bem, algumas vezes, manter uma postura de autoridade e de ter razão pode ser prazeroso, porém, saiba que nesses momentos não está agindo com empatia. Se estiver se sentindo bem assim, essa também pode ser uma escolha.

Aonde queremos chegar com esse exemplo? Suponha que você esteja desconfortável com o conflito. Nesse caso, preste atenção à sua respiração, pois ela tem o poder de nos localizar no agora; pois bem, organize o corpo e respire profundamente. Quando sentir que seu corpo está relaxado e sua respiração, mais equilibrada, então você estará se aproximando do estado em que consegue afastar pensamentos belicosos, mudando a perspectiva, autocentrado e disposto a ouvir os outros sem reserva, sem julgamento, pronto para mediar e buscar solução para o conflito. Assim, os pensamentos mudam de direção, um pequeno e bem-vindo milagre se instaura e uma coisa que a princípio parecia ser insolúvel agora se mostra aberta a novas e convergentes possibilidades de solução.

Como é possível dar novos rumos a uma situação?

Essa pergunta se manifesta no corpo. É possível ver a mudança no próprio corpo, pois ele passa de uma postura defensiva para uma interessada e receptiva, e esse é um processo que podemos treinar e praticar todos os dias. Não é preciso que haja um conflito para isso, qualquer situação em que duas pessoas se encontrem é suficiente.

Se estamos constantemente programados para caminhar pela vida cheios de medo e autodefesa, seremos percebidos pelos outros como pessoas frias, insensíveis e intocáveis. Mas, se nos dispomos a nos envolver, uma porta se abre para que possamos nos conectar com todos.

Para nos localizarmos no aqui e no agora e entender com clareza as situações de conflito, podemos nos fazer as seguintes perguntas:

— Há uma outra saída para essa situação?
— Ainda há tempo para mudar isso?
— Quais possíveis soluções poderiam ser encontradas?
— O que há de errado na versão apresentada pela outra pessoa?
— No que o outro poderia estar certo?
— Pelo que estou me deixando afetar?
— Por que estou sensível a isso?
— Quero ter razão ou posso me abrir a novas perspectivas?

O maior problema com as nossas já estabelecidas ideias é que acreditamos demais nelas, e, muitas vezes, elas nos apresentam uma imagem completamente distorcida da realidade, que pode não fazer justiça às outras pessoas, por isso devemos nos permitir estar abertos a outras possibilidades e a outras verdades que não as nossas.

Impulsos de empatia

AFIRMAÇÃO: *Em todo tipo de relacionamento, as pessoas têm saberes, ideias e conceitos próprios e diferentes. O importante é tentar compreender o que há por trás deles.*

— Pensamentos podem ser controlados;
— Nem todos os pensamentos estão com a verdade;

— Pensamentos moldam nosso mundo;
— Pensamentos definem nossas vidas;
— Pensamentos amorosos são os únicos que têm valia;
— Pensamentos de medo devem ser impedidos.

Perdoar

> O perdão é sagrado,
> O perdão mantém unido o universo,
> O perdão é o poder dos poderosos,
> O perdão é sacrifício,
> O perdão é a quietude do espírito,
> Perdão e mansidão são qualidades
> dos que têm autocontrole.
> Eles representam a virtude eterna.
>
> (MAHATMA GANDHI)

É essencial haver uma mudança interior que nos capacite ao perdão, porque é ele que nos possibilita mudar nossa conduta, deixar de lado o que é velho e inútil e não pensar em quem possa nos ter causado algum mal.

O fato de guardarmos rancor de uma situação ou de alguém só demonstra que queremos nos proteger. Provavelmente alguém nos fez ou disse algo que já havíamos experimentado antes e isso volta a causar dor. Portanto, guardamos as ofensas em nosso interior, com um grande alerta: atenção, proteja-se!

Os erros dos outros que consideramos oponentes são, então, cuidadosamente coletados e guardados num livreto para serem depois descontados (assim declarou meu colega palestrante Michael Rossié, em uma de suas conferências). Colocamos nesse caderninho o que nos desgostou ou ofendeu para que, em algum momento oportuno, possamos sacá-lo. Então, são atiradas supostas verdades, como "você sempre faz isso" ou "você fez a mesma coisa no ano passado". E assim, com essas ações, a única coisa que conseguimos é fazer o outro sofrer e roubar-lhe a chance de mudar suas atitudes de forma a que não nos ofenda mais. E assim nos condenamos a prosseguir num relacionamento conturbado.

Quando alguém fizer alguma coisa que nos ofenda, há sempre uma escolha:

— Falar sobre isso e procurar junto ao outro um acordo;
— Simplesmente perdoar.

Uma delas, ou ambas, deve ser a escolha a fazer. É claro que não cabe ficarmos sempre a remoer e falar tudo que nos vem à cabeça, isso seria exaustivo a longo prazo, porque muitas vezes nos incomodamos com coisas irrelevantes. Mas devemos ter bem claro o peso que as coisas têm para nós, porque, se não levarmos isso em consideração e não falarmos o que nos fez sofrer, cairemos nessa armadilha repetidas vezes.

E se a armadilha se fechar em torno de nós, como devemos proceder?

> Para que possamos perdoar, é preciso que primeiro tenhamos consideração por nós mesmos, pois se alimentamos o ressentimento, colocamo-nos à disposição do medo, bloqueamos nossa capacidade de sentir empatia e ficamos infelizes.

Guardar rancor apenas protege o ego, então é nosso dever reabrir o coração e procurar saber os motivos que levaram o outro a nos tratar mal. Podemos mudar de perspectiva e, talvez, descobrir que os motivos por detrás do comportamento do outro nada tinham a ver conosco, mas antes eram reflexo das angústias com que o outro lidava naquele momento. Quem sabe, ao mudarmos de perspectiva, as necessidades do outro se abram claramente para nós de forma a compreendermos e deixarmos de lado as ofensas. Assim, ao compreendermos e perdoarmos, não somente alcançamos a paz interior como também nos permitimos a chance de ajudar alguém em dificuldade. É possível que esse alguém nos tenha ofendido por não ser capaz de amar a si mesmo. De qualquer forma, quando temos esse conhecimento, quando sabemos que podemos decidir, não temos outra escolha a não ser seguir nossos corações e perdoar.

Aprender a perdoar a si mesmo

Claro que não são só os outros que demonstram falta de empatia. Nós mesmos, e todos, erramos, somos humanos e falhos. Da mesma maneira que sentimos o que os outros nos fizeram, também sentimos o que nós próprios às vezes causamos aos outros. Quando eu era criança, à noite, deitada em minha cama, costumava fazer uma lista das minhas preocupações. Nelas estavam as coisas que, mesmo sem querer, havia feito; por exemplo, quebrado o gravador de um vizinho ou quebrado uma lâmpada de uma casa enquanto brincava com outras crianças. Eu não tinha coragem de assumir a culpa diante de meus pais e, com isso, não conseguia me perdoar. Eu gostaria muito de ter sabido naquela época o que sei agora. Saber me perdoar àquela altura da vida teria apaziguado minhas angústias. Talvez, como eu, você também se lembre de situações na vida e se culpe dias a fio por isso. Pois é, é muito ruim quando nos julgamos e não sabemos nos perdoar pelo que fizemos. Até mesmo por coisas pequenas e cotidianas, como o menino que pisou no castelo de areia do amigo, ou a faxineira que quebrou um vaso ou o funcionário que disse alguma coisa que não devia durante uma reunião. Não importa o que é, importa o peso que damos ao que fizemos e as angústias disso decorrentes quando não podemos nos perdoar. Por isso, precisamos aprender a nos perdoar para nos considerarmos seres dignos de valor.

Como perdoar?

Existem muitos rituais e formas de meditação que nos ensinam a trabalhar o perdão. Muito conhecido é o ritual havaiano do perdão, *Ho'oponopono*, uma espécie de reconhecimento e admissão dos próprios erros, acompanhada de um simultâneo perdão. Por meio desse ritual, um erro é transmutado quando seu poder destrutivo é admitido e reconhecido. Caso haja interesse nesse ritual para o perdão, as instruções para aprendê-lo podem ser facilmente encontradas na internet.

Em qualquer abordagem sobre esse tema, o importante é o desejo de esquecer o passado e as coisas que nos acorrentam a ele, porque o passado já não mais existe. Vivemos no aqui e agora, e acreditar em um erro cometido no passado é apenas uma ilusão, já que colocamos energia onde nada mais existe, com isso, ferimos aos outros e a nós mesmos.

Impulsos de empatia

AFIRMAÇÃO: *Todos cometemos erros, pois somos humanos. Prolongar a crença nos erros mais do que o necessário nos torna endurecidos e inflexíveis.*

— O perdão está intimamente ligado à empatia;
— Precisamos compreender que outros pensam diferente de nós;
— Perdoar é reconhecer e admitir que as coisas passadas pertencem a um tempo que não mais existe;
— Perdoar também significa perdoar os próprios erros;
— Perdão significa separar o "erro" da pessoa para ver apenas a pessoa como tal.
— Perdoar é expressar nossas dores para que o outro saiba que nos está ferindo e entender que o outro não tem obrigação de conhecer nossas necessidades;
— Pergunte-se a quem deseja *hoje* perdoar e dê um passo em direção a isso; livre-se de antigos problemas.

Ficar vulnerável

Os passos que demos até agora em direção ao desenvolvimento de um comportamento mais empático exigem que lentamente, mas de forma determinada, abandonemos uma a uma as couraças que nos envolveram ao longo da vida. Todos os dias nos vemos diante dos bloqueios que impedem que nos comportemos com empatia, e queremos mudar isso. Questionamos nossas atitudes e tentamos lançar um olhar mais suave ao mundo. De repente percebemos que expusemos nossa vulnerabilidade ao nos abrirmos e colocarmos nosso coração à disposição.

Hoje em dia, é bastante incomum que consigamos não estar constantemente na defensiva e, portanto, abertos e vulneráveis. Afinal, o desejo pela perfeição e a busca pelo sucesso levam a maioria de nós na direção contrária a isso, porque achamos que prestígio, reconhecimento, muito dinheiro e fama estão esperando por nós se apenas seguirmos esse caminho.

Em minha profissão, trabalho com colegas maravilhosos, entre eles Ulrike Scheuermann e Emanuel Koch. Nós três nos conhecemos na *German Speakers Association* (Associação Alemã de Conferencistas) e, com o passar do tempo, ficamos bons amigos e trocamos nossas experiências. Em nossos encontros, percebemos que coisas em comum nos unem: não desejamos ser perfeitos nem que os outros o sejam, e não cobramos sucesso uns dos outros. Tínhamos formação semelhante; Ulrike era escritor de não ficção, Emanuel, consultor e gestor, e eu, palestrante e instrutora. Nós nos tornamos bem-sucedidos no que nos propusemos a fazer e podemos nos orgulhar, mas sabemos que isso é apenas um dos lados da moeda e, acima de tudo, entendemos que o que realmente nos levou a obter sucesso foram nossas vulnerabilidades, os percalços e os fracassos.

Certa vez decidimos falar sobre nossas vulnerabilidades diante do palco e nomeamos o evento de "Como seguimos adiante". Despimos nossas couraças e nos abrimos. Ulrike contou sobre a neurodermatite que o atormentava havia anos, Emanuel relatou sua insegurança em ser músico e compositor, e eu trouxe à tona a velha ferida de ter sido reprovada na escola de música. Todas as nossa hesitações, dúvidas, esforços e quedas estavam ali, transparentes. No entanto, também ali estava o reconhecimento de que foram esses fatos que nos fizeram ir adiante e superar os fracassos e as dificuldades. Fizemos exatamente o oposto do que se espera de um marketing bem-feito; falamos dos insucessos, dos fracassos, das frustrações e de tudo o que foi necessário passar e superar para chegarmos aonde estamos hoje. E é assim com todo ser humano, superar e seguir adiante só acontece se antes houver fracassos, frustrações e dificuldades. Naquela noite, tínhamos um grande objetivo, queríamos entrar em sintonia com as pessoas que não se veem como perfeitas e que nos admiram porque acham que nós o somos. Mostramos nossas vulnerabilidades e alcançamos, com isso, as pessoas presentes naquela noite no Teatro Urania, em Berlim.

Quando as pessoas se aceitam e se mostram vulneráveis, elas se tornam sensíveis. A escritora e conferencista Gabrielle Bernstein escreve em sua primeira obra de cunho espiritual, *Spirit Junkie*, sobre sua trajetória como profissional de relações públicas e como, lentamente, ela se perde na fama e encontra consolo no álcool e nas drogas. Em meio a essa fase de vida, ela encontra seu caminho espiritual e se salva desse pântano de vícios. De forma impressionante, ela descreve seu caminho pelo vício, que certamente não a teria levado a um final feliz, se não tivesse partido para uma reviravolta.

Também a socióloga, conferencista e escritora americana Brené Brown escreve sobre o poder da vulnerabilidade. Caso se interesse, há muitos vídeos sobre isso no *YouTube*.

Impulsos de empatia

AFIRMAÇÃO: *Minha vulnerabilidade me torna forte e transparente aos outros.*

— Admitir-se vulnerável significa não mais ter que fingir ser perfeito;
— Ser vulnerável significa admitir que algo deu errado ou causou sofrimento;
— Ser vulnerável significa não ter medo de que alguém descubra nossas imperfeições;
— Ser vulnerável significa aceitar que a vida tem seus altos e baixos e que ninguém é capaz de escapar disso.

Ver com empatia

Se nossos pensamentos tomam outra direção que não seja a de julgar as pessoas ou rotulá-las, decidindo o que é certo ou errado, bom ou ruim, conseguimos ver a nós mesmos e aos outros através de uma nova perspectiva, a de enxergar a nós mesmos como seres humanos que merecem ser compreendidos por suas falhas e que necessitam de amor e de bondade.

Além de nos predispormos à sensibilidade de maneira a perceber as necessidades dos outros, é importante treinar nosso olhar para compreender a linguagem expressa pelo corpo físico, pois ele nos dá inúmeras pistas do que se passa dentro de nós e das pessoas. Observar a fisiologia humana e compreendê-la é o primeiro passo para a empatia. Sob essa perspectiva, é possível distinguir quatro estados fisionômicos que nos permitem reconhecer o que se passa com alguém. São eles:

— Manter a testa franzida e a expressão tensa: pessoas que apresentam essas características estão vivenciando problemas, mantêm-se fechadas em si mesmas, são inquietas e tornam-se sombrias.
— Olhos brilhantes e cantos da boca elevados: são características fisionômicas das pessoas que estão se expandindo, que se rejubilam, que estão felizes por alguma razão.
— Olhar distante e ausente: são pessoas que estão no silêncio de si mesmas, buscando um pensamento, uma memória, uma ideia; o olhar vai longe e não tem foco, uma espécie de transe, uma ausência do agora.
— Alternância entre expressões de desconfiança e alegria: são pessoas que procuram ainda uma solução, não sabem bem por

qual direção seguir, não tomaram ainda uma decisão porque se sentem inseguros.

Esses são os quatro estados emocionais básicos, no entanto, há variações, pois cada um de nós tem sua individualidade e uma peculiar forma de manifestar esses estados em sua expressão corporal. Para quem deseja ter um olhar empático, observar a linguagem corporal das pessoas com quem nos relacionamos pode ser bem útil para compreender o que vai em suas almas. Nesse aspecto, muito nos auxilia qualquer forma de arte, como, por exemplo, desenvolver uma percepção das emoções humanas na performance de atores em um palco, em filmes, fotografias ou danças. Se assistimos, por exemplo, a documentários sobre outras culturas, sobre pessoas e modos de vida diferentes, expandimos nosso olhar, tornamo-nos leitores de mundo, o que desenvolve uma compreensão maior da humanidade. No entanto, atualmente não é o que acontece, pois nosso olhar sobre outras culturas estranhas à nossa é limitado por preconceitos e julgamentos.

Esse tipo de comportamento levou a produtora do documentário *True Warriors*, Ronja von Wurmb-Seibel, a optar por não apresentar no filme algumas partes dos acontecimentos do atentado suicida que houve em Cabul. Eu tive a oportunidade de realizar uma entrevista com ela sobre o caso, em uma emissora de TV. Durante a entrevista, Ronja relatou que ela e Niklas Schenck, com quem levara dois anos e meio para produzir o filme, intencionalmente decidiram por filmar atores representando as mortes durante o ataque das bombas, em um palco de teatro, e apresentar depoimentos de pessoas que estiveram presentes no atentado, em lugar de filmar as cenas em que pessoas morriam. O próprio incidente foi documentado por meio de material de arquivo e o documentário só mostra muito poucas fotos dos eventos e nenhuma do enterro das vítimas. Ela explicou: "Quando vemos imagens que nos são estranhas, não as relacionamos diretamente a nós, olhamos como se fossem imagens distantes e sem sentido e isso nos afeta menos. Quando usamos a palavra 'funeral', por exemplo, associamos a isso o ritual que conhecemos, podemos imaginar, porque sabemos o que representa para nós. Se mostrássemos as cenas das mortes e dos rituais dos funerais de uma cultura estranha, não provocaríamos as emoções que desejávamos, porque as cenas nos eram demasiadamente estranhas, e o que nos é estranho nos distancia da compaixão." Imagens, costumes, hábitos, modos de vida que são estranhos à nossa cultura são fonte de julgamentos, quanto mais distante de nossos costumes são as coisas, mais nos predispomos a julgar.

Quando estamos dispostos a compreender as vastas pluralidades deste mundo, à medida que aproximamos o olhar do que nos parece a princípio estranho, melhor podemos ter uma ideia de como as pessoas são em suas peculiaridades — desde que não estejamos olhando para o celular ou nos movimentando no mundo virtual.

Como estamos cada vez mais ligados ao mundo virtual, deixamos de perceber o que acontece a nossa volta, ignoramos até as pessoas que nos rodeiam. Por favor, não me interpretem mal, eu mesma me mantenho presa ao smartphone e acho difícil desapegar desse hábito. Não é algo que renego completamente nem poderia! Eu o uso profissionalmente, escrevo e-mails no ônibus e leio as últimas notícias sobre meus amigos. Porém, ainda ontem, uma senhora de muleta começou a reclamar alto no meio da avenida principal de Hamburgo que todos não tiravam nunca a cara dos estúpidos celulares. E ela está certa! Onde quer que você esteja, no espaço público, os olhos das pessoas têm apenas um único destino: a telinha. E por essa telinha só conseguimos ver uma parte muito pequena do mundo.

E o que acontece quando eu vejo apenas muito pouco ao meu redor? Eu não tomo conhecimento do casal apaixonado que demonstra amor e carinho um pelo outro, não vejo a moça de piercing que se levanta no ônibus para dar lugar a um idoso, não noto o filhotinho, ainda vacilante, a abanar feliz o rabinho para mim. Eu deixo de perceber a diversidade de toda a cultura que está a minha volta porque não olho para nada com empatia, apenas permaneço com o olhar fixo no meu egocentrismo.

Não quero mais me comportar dessa maneira e decidi olhar à volta, seja dentro do ônibus, seja na rua ou onde for, quero exercitar meu olhar sobre as pessoas, quero enxergar como estão, quero me envolver quando alguma coisa injusta lhes acontece, quero ver como posso ajudar, quero falar com elas, ouvi-las, quero que meus valores tenham serventia.

> Um casal apaixonado, um filhotinho que abana o rabo, a moça de piercing do ônibus — ninguém os vê.

Se nos escondemos por trás desses captadores de atenção que são os celulares, não podemos ver ou mesmo intervir se alguém tem sua carteira furtada, se alguém está sendo maltratado ou discriminado, ameaçado ou marginalizado. É claro que há sempre uma desculpa moral para isso, não vimos nada, estávamos distraídos no celular, mas estarmos distraídos significa estarmos alheios ao mundo e às pessoas, e, consequentemente, nossos valores correm o risco de se tornarem frases vazias, porque não nos damos a oportunidade de agir por elas. Na minha opinião, manter os olhos abertos é o que devemos ter em mente, pois há muito, muito o que fazer!

Algum tempo atrás, eu estava com uma amiga no terraço de um restaurante italiano em Munique. Estávamos de ótimo humor e nos divertíamos. Numa enorme tela passava um jogo de futebol da Copa do Mundo. O tempo estava agradavelmente quente, a bebida, deliciosa, enfim, tudo estava ótimo. Sentada em uma mesa à nossa frente, uma família esperava a comida que havia pedido. Eram pai, mãe, dois meninos e uma menina. Depois de um certo tempo, vieram os pratos de todos, menos o de um dos meninos. O pai ficou impaciente com a demora e começou a falar alto. O garçom chegou e tentou esclarecer o motivo da demora, pois o lugar estava lotado e podia ser que tivessem esquecido o pedido dele ou que tivesse havido um mal-entendido qualquer. Entretanto, o pai não quis aceitar as desculpas do garçom e começou, exaltado, a gritar e partiu na direção do rapaz. Todos já sabiam o que viria a seguir; o garçom perdeu a paciência e deu uma cabeçada no homem. Não foi das melhores ideias, pois o pai avançou para ele e todos se levantaram para separar os dois homens. O dono do local apareceu, levou o garçom embora, e o pai, irritado, voltou a sentar-se com a família. E então aconteceu o que acontece sempre: uns tomaram partido do pai, outros, do garçom, uns reclamaram, outros xingaram. Nesse meio-tempo, voltou o proprietário e pediu desculpa a todos. Os ânimos serenaram, a família comeu e foi embora.

O garçom retornou ao terraço e começou a recolher os pratos vazios das mesas, uma laceração na testa. Alguns no restaurante voltaram a murmurar entre si. Quando ele se aproximou para recolher os pratos de nossa mesa, eu lhe disse: "Eu vi o que aconteceu e vi que você não teve escolha e precisou se defender." Ainda me lembro dele, um homem magro e calvo, com olhos grandes, escuros e um charme típico dos italianos. O rapaz arregalou os olhos para mim e disse que eu era a única pessoa que havia dito isso a ele e que havia ficado do lado dele. Pediu que eu falasse com seu chefe e intercedesse por ele e me perguntou se eu testemunharia em um tribunal, caso o agressor abrisse uma queixa contra ele. Mais confortado, o garçom reconheceu que o que fez não foi bom, mas que havia se deixado levar pela situação. Então, conversei com o dono do local e pedi por aquele rapaz. Ao final, ele conseguiu se manter no emprego e não houve nenhuma denúncia. O chefe foi condescendente, o rapaz tinha começado a trabalhar ali havia pouco tempo e sua esposa estava grávida do primeiro filho.

Espero que o garçom tenha aproveitado a chance que teve de manter seu emprego e aprendido a controlar seus impulsos. O que fica claro para mim em toda essa situação é que há um lado mais fraco que é sempre pisoteado, aquele que é "o estrangeiro", "o de outro país". E ninguém levanta a voz para defender. Se houvesse uma câmera, ficaria claro para todos que o cliente se irritou, o garçom tentou resolver com educação o problema, o cliente não aceitou e provocou toda a confusão. Mas quem sairia prejudicado seria sempre aquele considerado menos do que os outros, o estrangeiro.

Poderíamos aqui discutir as variantes de empatia, quem poderia ter agido como, mas o importante é:

> Quando vemos injustiça, devemos agir.
> Quando vemos alguém sofrendo, devemos agir.
> Quando nossos valores são ameaçados, devemos agir.

Já estive diante de dois homens que se agrediam, gritavam e quase se espancavam porque um queria cruzar a rua na frente do outro. E já gritaram e me xingaram, também na rua, por não recolher as fezes do meu cachorro. Acredito que, em uma situação como essa, em vez de revidar e partir para a defesa, deveríamos pensar com empatia e mais eficaz seria se concordássemos que realmente aquilo é um problema, em vez de nos justificarmos.

Seguindo então uma lógica, podemos:
— Ver;
— Compreender;
— Agir.

Quanto mais conhecermos a nossa maneira e a das pessoas a nossa volta de reagir, mais poderemos agir conscientemente com empatia.

Impulsos de empatia

AFIRMAÇÃO: *Eu vejo com meus olhos e com meu coração. Quanto mais estendo meu olhar ao mundo, melhor enxergo como as pessoas agem, e o que me era estranho torna-se familiar.*

— Consigo ver o que se passa com os outros;
— Posso treinar meu olhar sobre que emoções transparecem na expressão das pessoas em fotos, filmes ou peças de teatro;
— Posso agir porque eu realmente vejo o que acontece ao meu redor;
— Posso aperfeiçoar minha visão de mundo para agir em conformidade com meus valores.

Ouvir com empatia

Colocar a nossa escuta a serviço dos outros está cada vez mais difícil. Ouvir não apenas os fatos narrados com toda a nossa capacidade de discernimento, mas ouvir com o coração o que o outro não diz. Há, nesse aspecto, duas possíveis direções: ouço os fatos que o outro está relatando ou ouço o que há por trás, ou seja, as reais necessidades dele. As respostas vão depender da direção que escolhermos seguir.

Quando declaramos algo como verdade, pouco espaço deixamos para negociação; é o que é e ponto. Proclamamos uma verdade e a consideramos compreendida pelo outro, não damos a ele alternativas para contestar ou argumentar, daí que nos tornamos os donos da verdade, arrogantes, narcisistas e inflexíveis. Por que isso acontece? Por que somos tão arrogantes a ponto de não admitirmos ser contestados em nossas supostas verdades? A resposta é simples: não queremos ouvir, não nos abrimos para ouvir o outro porque queremos impor a ele o nosso mapa mental e não lhe damos espaço para que exponha o seu próprio. No entanto, a escuta é uma ferramenta fundamental da empatia, pois quem é ouvido se sente acolhido, valorizado e compreendido.

Thich Hanh, professor de meditação e mestre zen-budista diz sempre que a escuta atenta e compassiva faz com que o outro se sinta melhor. Abrir o coração para ouvir compassivamente as dores do outro é um ingrediente essencial para que surja o amor (Hanh, 2014).

A escuta atenta e compassiva prescinde de comentários, não devemos, portanto, emitir nossas opiniões, dar conselhos ou trocar experiências, contando nossas próprias histórias. Não. A escuta é estar ali para compreender o melhor possível o que o outro sente e pelo que sofre. Infelizmente, é o que menos acontece, pois estamos sempre sem tempo para ouvir a quem precisa desabafar.

Também Marshall B. Rosenberg, fundador da Comunicação Não Violenta, escreve sobre o poder da escuta consciente e transcreve em seu livro relatos de professores universitários que aprenderam a ouvir seus alunos com empatia e conseguiram com isso melhora no desempenho deles. Os estudantes contavam aos professores suas histórias pessoais, suas dificuldades familiares e suas dores, e eram ouvidos com atenção e afeto; a partir de então, passavam a dedicar-se com mais confiança aos estudos. Segundo os professores, mesmo que o bimestre tenha sido mais longo, o resultado alcançado valeu a pena (Rosenberg, 2016).

Nossas mentes, na maioria das vezes, andam tão ocupadas com as próprias questões que não nos dispomos a dar um pouco de nosso tempo e atenção à escuta do outro. No entanto, acolher e confortar nossos semelhantes e ouvi-los sem julgamentos é um acalanto para a alma.

Tenho amigos que me são muito queridos porque estão presentes para mim. Sei disso porque se lhes digo, por exemplo, que vou viajar, no dia de partir recebo carinhosas mensagens desejando-me uma boa viagem. Eles, esses amigos queridos, me ouviram com atenção, deram importância ao que lhes disse, lembraram-se de mim. Isso é sempre um presente, porque sei o quão pouco acontece hoje em dia.

Praticar a escuta

Podemos praticar sempre uma escuta consciente, não só com os outros, mas também podemos nos condicionar a ouvir nossos próprios pensamentos e levá-los a sério. Há muitas atividades que permitem desenvolver essa habilidade, como, por exemplo, habituarmo-nos a ouvir música atentamente, sem nos distrairmos, pois ela pode refletir sentimentos, crises, dificuldades e superações. Podemos treinar uma escuta atenta, independentemente do estilo de música que apreciemos, prestando atenção:

— À letra;
— Às vozes;
— Ao som dos instrumentos;
— Ao ritmo;
— Aos sentimentos nela expressos.

Ouvimos música no carro, enquanto dirigimos, no escritório, enquanto trabalhamos, mas geralmente não prestamos atenção, ela se mantém como um pano de fundo em nossas atividades cotidianas. No entanto, é possível treinar a habilidade de escutar, levando em consideração os elementos acima apontados. Por exemplo, reconhecer os sentimentos ou questões expressas na letra, ou como soa a voz de quem canta, se áspera, suave, melodiosa, profunda, límpida, estridente, agressiva. E qual efeito tem sobre mim? Que tipo de sensação se desencadeia em mim? E, sobre os instrumentos, quais estão presentes? O ritmo forte e compassado de um baixo ou o suave toque de um piano? Quais efeitos têm sobre minhas emoções? O ritmo da música me tranquiliza, me acalma ou me empolga? De que forma eu poderia descrever os sentimentos que a música desperta em mim? Melancolia, saudade, tristeza, alegria, entusiasmo?

Eu, por exemplo, quando ouço as músicas do musical *Hair*, começo a cantar junto e a dançar; quando ouço músicas cujo instrumento musical predominante é o piano, me acalmo e me emociono. Os dois álbuns de Chilly Gonzales, *Solo 1* e *Solo 2*, levam-me a um estado maravilhoso de pura melancolia que de maneira alguma contribui nas ocasiões em que preciso estar ativa e dinâmica para realizar um seminário. Antes de conversas importantes e complicadas, muitas vezes ouço "Butterfly", de Jason Mraz, porque essa música me solta e me dá a ilusão de poder. O tango de Astor Piazzolla desperta em mim todo tipo de sentimentos, imagens de dançarinos inquietos surgem, casais abraçados que dançam, sentimentos de dramas de amores perdidos me vêm à cabeça.

Se conheço essa capacidade que a música oferece de despertar sentimentos e emoções, posso, por meio dela, desenvolver o hábito de ouvi-la com o propósito de perceber suas sutilezas, suas mensagens, e sensibilizar a mim e a outras pessoas. Da mesma forma que a música, podemos ouvir o outro, pois a nossa escuta atenta e sensível pode ter sobre ele os efeitos de uma linda música.

Ouvir as necessidades do outro

Ao nos propormos a ouvir o outro, automaticamente acionamos um filtro dentro de nós. Como mencionamos no início deste tópico, muitas vezes fazemos uma crucial distinção entre as informações que nos estão sendo passadas e o que há nas entrelinhas, o não dito, ou seja, as angústias do outro. Ainda uma outra possibilidade na escuta relaciona-se ao nosso próprio medo, ou seja, interpretamos através do nosso próprio filtro de dor e, portanto, relacionamos a nós o que é dito pelo outro.

Ouvir informações factuais é diferente de ouvir a alma de alguém. Quanto a isso, refiro-me às informações que nos são passadas pelos outros no trabalho, na rua, nas esquinas. A essas não cabe interpretar, ao contrário, muitas versões da mesma coisa podem levar a mal-entendidos e conflitos. No entanto, as informações que saem da alma das pessoas, as que representam seus sentimentos e necessidades, podem eclodir em qualquer lugar e muitas vezes são negligenciadas e esquecidas. Uma fala pode conter as informações superficiais, as que ouvimos sem necessidade de interpretação, mas há outras que nos provocam, porque dizem muito mais do que foi ali expresso. Na vida privada, isso se torna mais evidente porque as mulheres têm mais percepção do que é dito nas entrelinhas do que os homens. Ou a inclinação a ouvir um drama onde não existe. Nesse aspecto, parece que os homens entendem o que é dito, mas não têm lá muita capacidade de percepção para o que há nas profundezas da palavra.

Quando conseguimos distinguir entre o que uma pessoa diz e o que está por trás do que disse, estamos prontos para a escuta empática, mas, apesar disso, ouvimos de acordo com o que nosso "corpo de dor" deseja ouvir ("corpo de dor" é um termo criado por Eckhart Tolle). O parceiro, por exemplo, diz que gostaria de ter mais tempo para seus hobbies. O que ele enuncia está perfeitamente claro no nível da linguagem, mas, subliminarmente, ele pode estar apontando uma necessidade de maior independência e autonomia e de não dispender toda a sua individualidade no relacionamento. É bom se pudermos ouvir assim. Mas, por outro lado, se a parceira ouvir com seu "corpo de dor", teremos mais ou menos: "Ele não tem mais prazer em ficar comigo! Socorro! Nosso relacionamento está em perigo!"

Nem precisamos discutir qual das duas formas de interpretação é ditada pelo medo, não? Dessa forma, é possível fazer justiça ao parceiro? Estaríamos também fazendo bem a nós mesmos se ouvíssemos o que os outros dizem com nossos filtros de medo e de dor? Se a resposta for um contundente "não", então é necessário verificar sempre com qual filtro estamos ouvindo o que nos dizem, para que novas perspectivas possam se estabelecer e nos tornar mais íntegros e receptivos.

Impulsos de empatia

AFIRMAÇÃO: *Desenvolver a capacidade de ouvir com atenção me possibilita ouvir nas entrelinhas, ouvir o não dito.*

— A escuta atenta permite compreender o estado de espírito em que se encontra o outro;

— Escutar com atenção deve ser um exercício constante; em tudo que nos rodeia há sons; ouvir o mundo é uma decisão;
— Uma música pode despertar inúmeras sensações; perceber suas várias possibilidades deve ser uma tarefa diária;
— Toque sua música favorita com mais frequência, isso molda seu humor e cria sentimentos;
— Ouvir através do filtro do medo pode evocar um drama onde ele não existe.

Falar com empatia

A comunicação é uma necessidade de todos os humanos e a primeira forma de relacionamento. Não importa se num relacionamento íntimo, de trabalho ou de amizade. Comunicar-se molda a qualidade do tempo que passamos juntos.

Não é sem razão que há uma enorme quantidade de literatura a respeito, são milhares de métodos descritos, filosofias, aconselhamentos, dicas, truques que incentivam uma comunicação eficiente, e, claro, a empatia desempenha um importante papel nisso, porque uma palavra, uma frase mal colocada ou descuidada podem gerar conflitos insuperáveis; há palavras que cumprem o papel de afastar as pessoas, de maltratá-las e mesmo de feri-las. E todas elas estão ligadas ao ego.

Com frequência, usamos a célebre frase "precisamos conversar", mas o cuidado aqui deve ser grande, porque na maior parte das vezes significa, na verdade, uma conversa unilateral, onde apenas expomos o que se relaciona conosco e não abrimos espaço para ouvir o outro. De novo o ego! E então a isso se seguem monólogos infrutíferos ou destrutivos, nos quais são descortinados os próprios mapas mentais que não têm serventia para o outro. É apenas a necessidade de um que está em jogo. Atitudes nada empáticas de falar e falar e de interromper quando o interlocutor se coloca; enfim, um discurso de mão única a bloquear a empatia.

Além de exercitar nossa escuta empática, é fundamental desenvolver a capacidade de também falar com empatia. Posso me lembrar de muitas vezes em que descarreguei meus problemas e minhas emoções sobre os outros, o que não nos levou a lugar algum; não houve empatia de minha parte e não houve escuta empática do outro lado. Comunicação inútil, portanto.

Certa vez, li sobre uma tribo que estipulava dois minutos entre a fala e a resposta de alguém. Já faz muito tempo que li sobre isso e não lembro qual tribo ou qual lugar era, mas me lembro de ter ficado intrigada com essa regra. Dois minutos! Quanto tempo duraria uma entrevista de emprego, se essa regra fosse estabelecida? Para nós não é nada prático, mas a intenção é valiosa, dois minutos para refletir sobre o que ouviu, avaliar e responder com empatia. Essa regra significa nada menos do que dar atenção à escuta e à fala.

Como desenvolver uma fala empática?

Acredito que podemos desenvolver uma atitude de nos dirigirmos aos outros com empatia. Para isso, é preciso questionar se estamos realmente nos dirigindo a eles ou se estamos jogando sobre eles nossas próprias questões. Nesse aspecto, estamos descarregando sobre eles nossos mapas internos ou estamos abrindo espaço e permitindo que expressem suas necessidades? Para dirigir nossa fala ao outro com empatia, no mínimo, precisamos estar cientes de nossos processos internos. Uma das técnicas que nos permite focar na fala do outro e nos afastar das exigências de nossos mapas internos é praticar a paráfrase, que consiste em repetir o que ouvimos do outro com nossas próprias palavras. Assim, parafrasear mantém a escuta ativa na fala do outro e demonstra a atenção necessária para que o outro se expresse com confiança. É a arte de ouvir e de falar empaticamente. Quando repetimos com outras palavras o que nos foi dito, acenamos para a pessoa que estamos plenamente ali. Essa forma de manter o diálogo fluindo, muitas vezes, permite que o outro vislumbre soluções para seu problema, porque, quando ele ouve o que disse sob um novo enfoque, instaura-se um distanciamento entre as emoções e os fatos, tornando possível uma análise mais eficaz da questão.

Expressar sentimentos

E se eu mesma estiver precisando expressar meus sentimentos? Acredito que é importante falar sobre si mesmo, falar sobre suas questões mais íntimas e abrir o coração.

Certa vez, em meu trabalho como coach, prestei consultoria a um empresário que queria dar uma palestra para seus funcionários sobre um novo dispositivo que havia comprado. O dispositivo anterior não atendia às demandas de trabalho e os funcionários viviam se queixando. Ao me apresentar o que pretendia dizer, percebi que era um discurso técnico, completamente isento de qualquer sentimento de satisfação que pudesse se relacionar aos funcionários. Seu discurso era: "Temos um novo dispositivo e todos os funcionários serão treinados. O dispositivo entrará em funcionamento nas próximas cinco semanas." Argumentei com ele que seria eficaz e atenderia à expectativa de seus funcionários se ele se dispusesse a falar sobre seus sentimentos, isto é, de que era com prazer e alegria que havia atendido ao pedido deles e que o novo dispositivo facilitaria a vida de todos.

Seria de esperar que, se todos estavam irritados com o aparelho anterior, a compra de um outro traria alívio. Assim, um nível de linguagem pelo qual são transmitidos sentimentos propicia maior estreitamento nas relações. Nesse caso, os sentimentos expressos nomearam a falta, a insatisfação, o alívio e a alegria. Portanto, é desejável que na comunicação não sejam apontadas apenas faltas e dificuldades, mas que sejam inseridas, no discurso, palavras que se refiram a sentimentos, de modo a dar leveza e a estreitar laços entre os interlocutores.

O tom faz a música

O que queremos dizer com "o tom faz a música"? Para mim, como alguém que trabalha como instrutora de oratória, fica claro que o tom de voz que usamos interfere positiva ou negativamente em uma comunicação, pois por detrás do tom de voz há sentimentos se expressando. As pessoas com quem nos relacionamos reconhecem nosso estado de espírito de acordo com a intensidade do tom de nossa voz. Quantas vezes nossas palavras foram traídas pelo tom de voz que deixava transparecer nossas emoções? Nosso tom envia o tempo todo mensagens que não pretendíamos. É esse controle que devemos observar, se queremos falar com empatia; controlar o tom de voz é manter sob controle os sentimentos, por isso, tenho que me ouvir primeiro, perceber o que vai dentro de mim e como eu posso melhor fazer uso de minha voz numa comunicação que traga benefícios a mim e a todos os envolvidos.

Claro que não é fácil conter as emoções e estar no controle o tempo todo. Sabemos que precisamos de um tempo para nos acalmar e analisar nosso ânimo em determinados momentos. Há sempre uma escolha a fazer; podemos falar num tom de voz propício à leitura de um conto de fadas para uma criança, carinhosamente, suavemente, amorosamente. Mas o que se ganha com isso? Quando colocamos intencionalmente o afeto, a bondade, o amor em nosso tom, a voz flui com mais facilidade, é mais suave e límpida; a respiração é equilibrada e plena, a voz é uma melodia agradável. Essa disposição amorosa influencia na escolha das palavras, portanto, é menos provável que sejamos rudes, ao contrário, vamos parecer interessados ao outro, agradáveis e amorosos.

Há situações em que, claro, precisamos colocar mais energia e autoridade na voz, mas a decisão tem que ser conscientemente avaliada. Sobre esse assunto, se tiver interesse, escrevo em meu livro *Sprechen wie der Profi* [Fale como um profissional].

O cuidado ao falar consigo mesmo

Um ponto muito importante é a forma como falamos conosco. Já reparou em como às vezes tratamos mal a nós mesmos? Quantas vezes nos dirigimos, por anos a fio, palavras desagradáveis e duras, quantas vezes nos xingamos? "Como sou estúpida! Agora esqueci a bolsa lá em cima!"; "Engordei de novo, isso é desprezível!"; "Estraguei tudo outra vez, eu nunca dou certo com os homens!" Essas e outras inúmeras imprecações que dirigimos a nós mesmos são desmotivadoras, exaustivas e não nos levam em direção ao amor-próprio ou à autoestima. Em lugar de tanta negatividade, poderíamos dizer: "Ah, esqueci a bolsa lá em cima! Tudo bem, subir alguns degraus me exercita!" ou "Engordei de novo, vou me sentir melhor quando voltar à academia!" ou "Que pena, não deu certo com ele, mas desejo a ele muitas felicidades, vou cuidar de mim agora!".

Percebe a diferença? As situações são as mesmas, mas internamente transformamos o negativo em positivo, demos a nós mesmos a oportunidade de nos apreciarmos quando olhamos o que parecia ruim por um novo e construtivo ângulo.

Impulsos de empatia

AFIRMAÇÃO: *Minhas palavras são energia, e a cada momento tomo a decisão de qual energia quero manifestar.*

- — É hora de mudar quando as estratégias de comunicação não funcionam.
- — Que qualidade interior eu uso ao falar com as pessoas? Deixo que meu ego fale por mim ou me comunico com empatia?
- — Como soa minha voz quando me sinto bem?
- — Como soa minha voz quando me comunico com amor e bondade?

— Com que tom de voz quero me expressar agora?
— Quando é melhor não dizer nada?
— Meu discurso se baseia sempre na falta ou nas possibilidades?
— Como falo comigo mesmo? Eu me comunico internamente com amor e bondade? Eu falaria com outras pessoas da mesma forma como falo comigo?

Escrever com empatia

A escrita é um canal de expressão para muitas pessoas, seja publicando em famosos jornais, escrevendo livros ou escrevendo para tabloides sem relevância, a palavra escrita tem valor e desperta reações emocionais e sentimentos. Em tempos de SMS, WhatsApp etc., a escrita ganhou um novo significado, aos poucos substituindo o contato pessoal, e isso traz consequências para a linguagem, pois faz com que sejamos breves, às vezes impessoais. Pela exigência de rapidez, encurtamos nossas mensagens e nosso destinatário tem que lidar a sós com a emoção que isso possa causar.

Por mais que eu aprecie usar esses canais de comunicação, tenho que admitir que a qualidade da comunicação sofreu uma significativa mudança. Em lugar de usarmos o telefone para nos dirigir a quem está distante, teclamos algumas linhas. Os conhecidos *emojis* ganham cada vez mais espaço e se tornaram indispensáveis, pois esses pequenos símbolos fornecem o tempero emocional. Se não estiverem presentes, uma mensagem curta pode ser mal interpretada, pois falta uma informação importante: o sentimento. Enquanto na comunicação *tête-à-tête*, podemos ler as emoções expressas nos gestos, nas fisionomias, na linguagem do corpo, as mensagens virtuais são apenas palavras desprovidas de sentimentos, e a atmosfera emocional que a elas falta é substituída pelos pequenos e coloridos personagens. Se as pessoas se conhecem bem, podem ler mensagens sucintas e deduzir como a outra pessoa está do outro lado, mas, se há alguma ferrugem nas engrenagens da amizade, uma mensagem curta pode piorar as coisas ainda mais. Por outro lado, em algumas situações, a comunicação através de mensagens pode até ser útil em resolver o conflito, porque nos dá algum tempo para refletir sobre o que escrever, e, assim, o turbilhão de emoções escondido por trás da resposta fica bem longe do interlocutor.

É importante que esse novo meio de comunicação seja usado de forma cuidadosa para que não comprometa relacionamentos e amizades. Outra forma de comunicação atual que exige pouco detalhamento na escrita são os e-mails. O que era há alguns anos muito complicado (antes eu tinha que dirigir até o centro universitário para inserir minhas credenciais e conseguir abrir meus e-mails), hoje pode ser acessado de qualquer lugar e a qualquer momento com uma rápida conexão. No entanto, existem obstáculos que podemos evitar se quisermos escrever com empatia. Instruções adequadas para a linguagem de negócios podem ser encontradas em cursos e livros técnicos, e por isso não vou me alongar no assunto aqui. O importante é que precisamos mudar a perspectiva e nos perguntarmos do que a pessoa do outro lado necessita. É de uma informação concisa e objetiva, escrita de forma breve? Ou de uma abordagem mais pessoal, onde eu ofereça compreensão e acolhimento? Cabe inserir um ou outro símbolo que expresse sentimentos? Qual estilo devo usar para esta ou aquela forma de comunicação?

Uma questão que considero importante ainda sobre esse assunto são as questões relacionadas à ortografia e à pontuação. Para mim, que sou uma pessoa muito auditiva, uma frase do tipo "Como vai você", me soa muito diferente do que se viesse acompanhada pelo ponto de interrogação. Nem todos entendem isso, mas há pessoas que têm a capacidade de "ouvir" uma frase escrita. O descuido com palavras escritas erradas, frases mal construídas, palavras faltando letras ou retificadas pelo corretor automático é outra questão que me deixa profundamente irritada. As pessoas escrevem e não releem o que escreveram, o que para mim demonstra uma total falta de consideração para com quem recebe a mensagem. Afinal, quem está do outro lado é apenas uma coisa, um negócio?

Ainda há a problemática de que a comunicação virtual é muito exigente e demandante. São inúmeros e-mails e mensagens dirigidos a nós ou que precisamos responder, e que nos deixam sobrecarregados. Seria necessário que estivéssemos conectados ininterruptamente para ser possível ler e responder a tudo. E, ainda, se não respondemos rapidamente, somos mal compreendidos. Assisto a isso com os jovens, que precisam estar logados e acessíveis em todos os momentos do dia e em todos os lugares. Mesmo nós, adultos, embora tenhamos mais paciência do que os jovens, já nos sentimos aprisionados.

Escrever em ambiente virtual

Atualmente, são nos ambientes virtuais onde mais escrevemos. Usamos as chamadas plataformas virtuais para ler, tecer comentários, postar opiniões, participar de blogs e de grupos, fazer comentários sobre comentários, enfim, estamos mergulhados na comunicação virtual. Na minha opinião, nas mídias sociais é onde mais fica evidente a falta de empatia entre as pessoas. Fico estarrecida com os tipos de comentários que ali são encontrados. Quanto ódio e zombaria! A xenofobia é uma tônica, pessoas são expostas publicamente e sem qualquer vergonha! Veganos são ridicularizados por não veganos e vice-versa, pessoas são expostas, ameaçadas, ridicularizadas, excluídas, e eu me pergunto se agiriam assim caso estivessem cara a cara. Sim, porque o ambiente virtual é obscuro, quem condena não se mostra, mas age nas sombras. Diriam as mesmas coisas frente umas às outras? Acredito que não, enquanto houver uma centelha de decência em nós.

Quantas pessoas são ou foram prejudicadas por esse fenômeno atual? Pessoas que, por não desejarem se expor, são condenadas por seu silêncio. Ou, quando rebatem as injustiças, também são condenadas com mais comentários intolerantes e ofensivos.

Os defensores da comunicação não violenta fazem uma distinção entre a linguagem violenta e a linguagem que traduz necessidades e sentimentos. Os que usam uma linguagem empática são, geralmente, considerados pessoas fracas e sem opinião, mas a verdade é que se preocupam em não atacar, condenar ou excluir pessoas.

Que tipo de sociedade é essa em que vivemos em que falar mal das pessoas causa prazer? Acredito firmemente que encontramos mais paz interior quando não criticamos constantemente os outros, não nos comparamos ou procuramos por culpados. Apesar disso tudo, há pessoas que são admiráveis, cujas vozes e comentários nas mídias são construtivos e que aquecem nossos corações. Infelizmente, não são maioria. Portanto, a questão principal é o que pode causar às pessoas o que escrevemos nas mídias sociais.

Escrever cartas

Se estamos tratando da escrita, não podemos esquecer da carta, esse bom e velho gênero de comunicação. No início de nosso relacionamento, meu antigo namorado me escrevia cartas maravilhosas, num papel de ótima qualidade e com uma caligrafia impecável — eu as guardo até hoje como se fossem um tesouro. Naturalmente que todos temos um maço de cartas de amores antigos guardado no porão, não? Eu as guardo há muito tempo e não desejo me desfazer delas. Como era bom naquele tempo encontrar uma carta de uma pessoa querida na nossa caixa de correio! Por exemplo, cartas de minha avó. Desde os meus doze anos, escrevia cartas para minha avó e ela me escrevia de volta com aquela sua letra desenhada, contando as coisas que lhe haviam acontecido. Eu respondia contando como estava indo meu filho na escola, o que nosso cachorro andava aprontando e quem eram os meus amigos. Era sempre maravilhoso encontrar uma carta de minha avó na caixa de correio.

Escrever cartas é um ritual, escolher o tipo de papel e prepará-lo, escolher uma boa caneta, sentar-se direito à mesa, escrever as primeiras linhas. Pensar e ir desenvolvendo lentamente cada palavra, cada frase escolhida com cuidado, o pensamento sempre na pessoa para quem escrevemos. Criar parágrafos com atenção, acrescentar alguns desenhos de enfeite, traçar letras em curvas elegantes e apresentar pensamentos e emoções — assim estamos inteiramente com a pessoa para quem escrevemos. Se estivermos apaixonados e a carta for para nosso amor, um beijo sela o envelope. Há uma magia nisso, na presença da ausência do outro.

Escrever diários

Um outro gênero que favorece escrever com empatia é o diário pessoal. Até hoje adoro folhear meus antigos diários e acompanhar os sentimentos da época. Minha filha também mantém um diário e acho ótima a dedicação com que ela escreve. Voltei a escrever meu diário e redescobri como é maravilhoso, por meio dele, organizar e estruturar meus pensamentos, ou simplesmente registrar o que está acontecendo comigo. Depois, leio e me sinto tão relaxada como se tivesse tido uma conversa terapêutica. A alma encontrou um lugar para se expressar.

Escrever com criatividade

Em seu livro *O caminho do artista*, Julia Cameron apresenta um meio para redescobrir a própria criatividade. Nele, ela sugere que escrevamos três páginas todas as manhãs, antes de nos levantarmos. Ela diz que, com a continuidade, a escrita vai fluindo e se tornando cada vez mais fácil. Se nada nos vem à cabeça para escrever, ela reforça que devemos continuar a escrever "não consigo pensar em nada", até que o fluxo criativo seja estimulado e os pensamentos realmente fluam para o papel. Há muito tempo pratico isso, e é incrível perceber quanto potencial se esconde dentro de nós. Há muitos cursos que também se propõem a desenvolver uma escrita criativa. Eu mesma frequentei alguns ministrados pela escritora Harriet Grundmann e tenho muitas histórias escritas, umas complicadas, umas divertidas, outras tristes, todas reunidas em um caderninho na minha estante. De vez em quando, abro e folheio o caderninho e me admiro que todas tenham sido fruto de minha imaginação. Quando frequentava o curso de Harriet, me surpreendia com tudo o que pode acontecer quando se renuncia ao controle, e como isso propicia que a escrita flua sem barreiras.

Ler com empatia

Ler é fundamental para que se escreva melhor e com mais segurança, porque a leitura expande o vocabulário, desenvolve a criatividade e, por último, mas não menos importante, permite-nos mergulhar em outros mundos, nos sentimentos e pensamentos das pessoas, torcer pelos heróis e heroínas com cujas aventuras nos deliciamos. A leitura é uma grande oportunidade de expandir nosso olhar empático ao mundo e às pessoas.

Durante a minha formação acadêmica, como eu ia até a universidade usando o transporte público, lia muito, particularmente livros de mistério. Especial para mim foram os livros de Elizabeth George. Eu ficava tão imersa na leitura que minha imaginação transformava o homem sentado à minha frente no metrô em um assassino assustador. Ou ficava tão absorta que perdia a parada da universidade e saltava no ponto final do ônibus.

Durante alguns anos, por exemplo, fiquei particularmente fascinada com o romance policial da escritora sueca Karin Fossum, *The Murder of Harriet Krohn* [O assassinato de Harriet Krohn]. Nesse livro, o foco do narrador muda para o do assassino. Dessa forma, eu pude mergulhar no interior de uma pessoa que mata outra, experimentei as dúvidas que ele tinha, a luta, o medo, a fuga, a observação atenta das pessoas ao seu redor, a busca pelas notícias nos jornais, o encobrimento dos vestígios. Até mesmo senti palpitações quando ele quase foi pego e me peguei torcendo para que ele se safasse — porque tinha gostado dele. Meu sentimento era de compaixão, porque conhecia seus pensamentos e sentimentos, e ele, apesar de ter cometido assassinato, de alguma forma conseguia amar também. Achei o livro fascinante, porque tornou exatamente possível conectar-me a um humano que, embora tenha feito uma coisa muito ruim, me fez sentir compaixão.

O que pode isso tudo significar? Ainda que um ser humano aja da pior forma possível ou por mais estranho que seja seu comportamento, é possível compreendê-lo e sentir compaixão. É assim que a literatura funciona, ela abre a mente, cria possibilidades e nos permite escolher entre condenar ou compreender as pessoas. O escritor Jostein Gaarder, em uma entrevista que deu ao jornal *Hamburger Morgenpost* sobre seu livro *Ein treuer Freund* [Um amigo leal], disse acreditar que uma pessoa que lê muito jamais poderia ser racista.

Sem dúvida alguma, não somente a leitura educa e apresenta inúmeras possibilidades de entender o mundo e as pessoas, como também pode transformar alguém ao possibilitar a imersão em valores preciosos antes desconhecidos. Ler amplia não só horizontes, mas também o alcance da empatia; ela nos ensina a enxergar o mundo pelos olhos das outras pessoas, o que nos possibilita reavaliar nossos valores.

Impulsos de empatia

AFIRMAÇÃO: *Leio e escrevo de forma a compreender ainda mais meus próprios sentimentos, assim como também os sentimentos dos outros.*

— Escrever lava a alma;
— Uma caneta na mão instiga mais a alma do que as teclas de um computador;
— Tudo que leio posso questionar com empatia;
— O ambiente virtual não é zona livre de empatia, lá há pessoas que leem e escrevem de forma empática;
— Escrever cartas para alguém é profundamente comovente;
— A leitura amplia o alcance da empatia.

Amar com empatia

Embora este capítulo esteja mais para o fim do livro, o tema tratado nele é central em nossas vidas! Estou falando sobre os relacionamentos amorosos, as relações íntimas, onde por vezes é mais difícil manter a empatia. O amor sempre foi central no campo de interesse da humanidade, não existe nada que nos toque e ocupe tanto.

> "O amor é um jogo em que perdemos quando vencemos o parceiro." (Ron Kritzfeld)

Para que surja o amor entre duas pessoas, antes é preciso que aconteçam algumas etapas espontâneas. O encontro, por exemplo, a troca de olhares, as primeiras palavras e as impressões que se formam. No entanto, hoje em dia, muito em voga está o namoro virtual em sites de relacionamentos na internet. Durante a minha juventude, havia as festas e eram nelas que os casais se conheciam e iniciavam o namoro. Hoje isso mudou, as pessoas se conhecem em sites. Eu mesma participava ativamente desses sites antes de conhecer meu atual parceiro. Por isso, posso com toda a razão dizer que a empatia é muito rara em namoros on-line. Infelizmente! Porque precisamente quando temos um meio tão moderno à disposição, pelo qual podemos conhecer pessoas diferentes de todos os lugares do mundo e com elas estreitar relações, acontecem tantos fenômenos estranhos permitidos pelo anonimato. Entretanto, é preciso dizer que há inúmeros portais completamente diferentes entre si, e que é até possível encontrar pessoas empáticas.

Os aplicativos gratuitos são os que têm pior reputação, pois parece que neles as pessoas não querem se comprometer e buscam prazeres imediatos. Pode ser até que por lá existam pessoas com boas intenções, mas como sempre, no amor, confiar nos instintos é fundamental. Quando alguém já começa a responder de uma forma muito vaga, com muitas reticências, e se expressa com palavras pouco apreciativas, é provável que pessoalmente também se comporte dessa forma. É certo que existem pessoas que não gostam muito de escrever, mas poxa! Trata-se de amor! E por ele vale algum esforço, não? Então, seguir os instintos, ficar focado nas primeiras impressões a respeito de seu interlocutor, é a melhor coisa a ser feita. E isso é válido para toda e qualquer plataforma. Um homem que imediatamente começa a fazer propaganda de seu último relacionamento ou que estende seu discurso com insultos às ex-parceiras de forma alguma será o príncipe encantado, trata-se de uma pessoa que não tem vontade de se comprometer.

Também podemos mencionar o fenômeno do "ghosting", pessoas que depois de um relativo tempo de troca de mensagens desaparecem sem se despedir ou dar uma desculpa polida para cortar o contato. Isso é muito estranho e nada razoável, porque as pessoas precisam de consideração, principalmente quando estão à procura de alguém especial, e seria o mínimo de polidez despedir-se ou até mesmo agradecer pelas boas mensagens trocadas. E tantos esperam por isso, pelo reconhecimento e pela consideração.

Seja como for, o primeiro encontro é marco decisivo para dar ou não continuidade ao relacionamento. As mulheres se tornaram enigmas para os homens de hoje, pois estes já não sabem como devem se comportar com elas. Como devem se comportar se uma mulher deseja pagar a conta? Devem abrir a porta para elas ou serão lembrados de que elas conseguem fazer isso sozinhas? Podem ajudá-las a vestir o casaco ou não? Comportar-se com empatia não é nada fácil nesse caso, então em qual direção devem seguir? As mulheres de hoje podem, naturalmente, fazer tudo sozinhas, não precisam mais de provedores ou protetores. Elas não precisam de ninguém que lhes assegure um status. No entanto, algumas mulheres podem gostar de um homem romântico e cavalheiro! Eu mesma faço e gosto de fazer tudo sozinha, mas adoro quando meu marido me carrega nos braços. Pode ser necessária alguma dose de empatia para perceber os limites entre o cavalheirismo e o machismo, mas, com um pouco de conversa, não há nada que não se resolva.

Um encontro amoroso sem empatia significa:

— Apenas falar de si mesmo;
— Ficar falando sobre o último relacionamento;
— Fazer julgamentos;
— Interromper várias vezes a fala do outro;
— Falar mal do lugar em que se conheceram;
— Ficar bêbado (sozinho!);
— Espalhar o mau humor;
— Consultar e discutir pontos do perfil do outro.

Esses são alguns dos pontos de que me lembrei sobre como não se deve começar um relacionamento.

Certa vez, uma amiga minha encontrou-se com um pretendente em um bar. O homem gritou tanto com ela que ela saiu correndo dali e precisou tomar uma dose de uísque para conseguir se acalmar do susto. Aí está, se já começa assim, podemos imaginar aonde vai chegar...

Um encontro amoroso com empatia significa:

— Escolher um local agradável para o encontro;
— Apresentar-se polidamente;
— Desejar conhecer o outro;
— Mostrar-se interessado no outro;
— Ouvir com atenção;
— Enfatizar as semelhanças;
— Falar com espontaneidade;
— Sinalizar com clareza se não deseja continuar a relação.

Sobre o tema encontros amorosos existe muita literatura de aconselhamento e até mesmo questionários para saber se devemos nos apaixonar por alguém ou não. No Google pode ser encontrado até um teste sobre isso, basta digitar "36 perguntas para se apaixonar". Entretanto, o que não devemos nunca esquecer, apesar do circo que a mídia cria sobre isso, é que relacionamentos têm a ver com sentimentos. Por isso, é bom tratar o outro com empatia e dizer, educadamente, que não quer continuar o relacionamento, e seria ótimo ainda agradecer o tempo que o outro nos dispensou com mensagens e atenção.

Quando existe sentimento

Acredito que, se depois do primeiro encontro uma pessoa quiser iniciar um relacionamento, ela deve investir. Sou totalmente contrária à ideia de que é preciso, segundo uma antiga regra, esperar três dias para procurar a pessoa de novo; acho isso uma tolice. É sabido que os homens são caçadores e colecionadores e que a busca pela caça instiga neles o desejo, e, é claro, as mulheres não querem parecer presas fáceis. Assim, já de início, instala-se um conflito porque as coisas não ficam claras e a relação se converte num jogo.

No entanto, todo mundo gosta de sinceridade. Se foi bom, se quer dar continuidade porque houve atração entre os dois, por que não ser sincero, falar o que deseja e investir na relação? Se eu viesse a conhecer alguém e quisesse namorar, com certeza falaria de meus sentimentos e de meus desejos. Se com a outra pessoa aconteceu a mesma afinidade, a relação tem muita chance de dar certo.

O que geralmente acontece nos relacionamentos é que, se um espera que o outro se mexa primeiro, propositalmente cria um distanciamento. Caso o relacionamento vá adiante, esse jogo muitas vezes determina o sucesso ou o fracasso da relação. Muitas vezes, acontece de um dos parceiros desejar mais liberdade e independência e isso pode significar sofrimento para o outro, caso se sinta negligenciado, o que tem muito a ver com a carência afetiva. Um deseja mais proximidade, o outro mais distanciamento, e nesse ponto é preciso um maior cuidado com a relação, cuidar um do outro, pois esses são aspectos dos relacionamentos ditados por profundos apegos desde a primeira infância. A possibilidade de uma relação mais íntima pode afetar bastante o relacionamento, porque, para algumas pessoas, é essa uma situação ameaçadora. Em contrapartida, a falta de espaço também pode se transformar em pesadelo, porque o parceiro se sente sufocado pela carência do outro.

Proximidade e vínculo

Na obra escrita por Amir Levine e Rachel S. F. Heller, *Maneiras de amar: Como a ciência do apego adulto pode ajudar você a encontrar — e manter — o amor*, os autores descrevem três diferentes formas de relacionamentos: relações que se baseiam no medo, relações em que os parceiros se sentem seguros e relações que são caracterizadas pela ansiedade. Quando li esse livro, muitas coisas de meus relacionamentos passados ficaram claras, nele eu pude compreender as razões pelas quais meus parceiros me deixaram ou eu os deixei.

Como você já pode imaginar, as relações em que os parceiros se sentem seguros são as ideais, nelas os parceiros mantêm diálogo, falam de suas necessidades e desejos, comunicam quando algo lhes desagrada e tentam chegar a um acordo. Assim, os conflitos se resolvem sem joguinhos ou táticas de esconde-esconde. Nesse tipo de relação, há abertura entre os parceiros e respeito às necessidades do outro. Parece ótimo, mas podemos nos perguntar se existem pessoas assim, pois, se existem, todos gostaríamos de tê-las como companheiras.

Em uma relação centrada no medo, há mais drama do que relação, pois o parceiro que se angustia com a possibilidade da perda do outro não consegue se afastar, deseja estar com ele o tempo todo e fazer tudo ao seu lado. Seus desejos são colocados em segundo plano, de forma a primeiro satisfazer os desejos do companheiro. Pessoas que agem dessa forma num relacionamento são inseguras e não conseguem caminhar com os próprios pés.

Por sua vez, o extremo do relacionamento que se baseia no medo é aquele em que os parceiros se esquivam de maior proximidade. São aqueles que não se envolvem absolutamente com as coisas do outro, porque querem assegurar a própria liberdade. Assim, não incluem o parceiro nas decisões importantes, pois não são bons em lidar com conflitos ou falar de suas necessidades. Essas pessoas, geralmente, são solitárias, porque mantêm o parceiro o mais distante possível, já que para elas uma relação de maior intimidade afetiva é percebida como ameaçadora.

Com esses tipos de relacionamento descritos pelos autores, é possível imaginar quanto sofrimento existe entre um parceiro que deseja evitar uma relação mais próxima e íntima e aquele que se entrega por inteiro porque necessita do afeto. Lendo esse livro, eu mesma me vi nessas situações, e, claro, desnecessário dizer que essas relações não dão certo, no entanto as pessoas continuam a cair nessa armadilha.

Na obra, os autores destacam a importância de os parceiros manterem as suas identidades, cuidarem das próprias necessidades, verificarem os próprios padrões de comportamento, assim como também recomendam uma comunicação clara e apreciativa do casal, e ainda lembram que todos somos moldados por padrões e que, para que um relacionamento se mantenha saudável, é necessário que os parceiros se tratem com empatia. Muitas vezes, para salvar uma relação amorosa, é necessário que os parceiros analisem como se comportam um com o outro, isto é, em qual tipo dos relacionamentos descritos estão. É importante racionalizar os sentimentos e isso requer atenção e prática! Para conseguir um entendimento, devemos perceber que temos os nossos limites e interesses, mas nossos parceiros também os têm, e muitas vezes são diferentes dos nossos. A solução para esses conflitos sempre pode ser encontrada na empatia com que os parceiros lidam um com o outro: "Temos necessidades diferentes. Como podemos resolver isso? Como podemos encontrar juntos uma solução? Que bem posso fazer por você?"

Agir dessa maneira exige um alto grau de honestidade e disposição, pois pode ser que as necessidades dos envolvidos não se aproximem. O terapeuta Gary Chapman, em seu livro *As 5 linguagens do amor*, segue uma abordagem empática. Ele relata, em sua clínica de terapia de casais, que cada pessoa tem uma forma própria de expressar seus sentimentos e muitos mal-entendidos na relação são decorrentes disso, pois as pessoas acham que, por seus parceiros não se expressarem com a mesma linguagem que elas, não existe amor. Nesse assunto, a questão em jogo é o mapa interno de cada um, porque muitas vezes é extremamente difícil nos afastarmos dele para compreender que o outro tem o seu próprio.

As cinco linguagens do amor, segundo o autor da obra, são bastante diferentes. Alguns entendem que há amor, segundo a qualidade de tempo que dedicam um ao outro; outros, quando os parceiros se tratam com palavras apreciativas e elogiosas; outros, quando recebem presentes; ainda há os que se sentem amados se há o constante toque físico; e ainda há aqueles que expressam o amor, fazendo tudo que agrada ao companheiro.

Se entendemos que nossos parceiros têm uma forma própria de expressar afeto, vemos que, mesmo que seja diferente da nossa, não implica que eles não correspondam a nossos sentimentos. Por isso, a conversa franca e o diálogo devem ser uma constante na relação. Se, para nós, o importante é o tempo que dedicamos um ao outro, ou se nos sentimos amados quando o outro usa as palavras para demonstrar seu amor, é importante compreender a linguagem do parceiro.

Thero e eu também conversamos sobre relacionamento amoroso e ele me apresentou o ponto de vista do budismo em relação a isso: "Em um relacionamento, a empatia é muito importante. Devemos buscar respostas, pois muitas vezes os sentimentos não são suficientes para que as relações amorosas deem certo. O que nos leva a considerar quatro comportamentos fundamentais para construir um relacionamento saudável:

1. **Confiança mútua.** Incluem-se aqui também os direitos mútuos. Se os parceiros se sentem seguros na relação, não há motivo para que um desconfie do outro. A traição é inadmissível quando a relação se baseia em confiança. Se você tem segurança em seus sentimentos, como poderia ser traído? Seu parceiro pode errar, claro, mas o erro não é seu, o karma não é seu. E você é inteligente o bastante para administrar seus próprios sentimentos e não ser enganado novamente.

2. **Mesma moral e disciplina.** Os parceiros devem ter os mesmos valores morais, administrar as ações e palavras segundo uma conduta estabelecida por uma ética comum aos dois.

3. **Igual dedicação.** Muitas vezes é necessário fazer concessões numa relação. Se o seu parceiro prefere um sanduíche e você, pizza, procure ceder de vez em quando. Nas pequenas coisas do cotidiano. Se seu parceiro está zangado, ele ainda é seu parceiro, não é nenhum criminoso ou pessoa que cometeu algum mal. Seja paciente e compreenda que ele está num momento ruim. Ninguém está bem cem por cento do tempo. Ele está agindo assim porque está sofrendo.

4. **Mesma compreensão, mesma filosofia.** É importante que os dois tenham a mesma visão de mundo porque isso facilita que um compreenda o outro.

São essas as quatro qualidades necessárias que um casal deve ter."

Ele sorri para mim e balança a cabeça. Quando conversamos sobre separação e divórcio, ele disse: "Nunca acredite quando um parceiro diz que está certo e o outro, errado. Um homem veio até mim buscando um conselho. Ele queria se separar da esposa e tinha com ela três filhas, uma de 21 anos, outra de 16 e outra de 6 anos. Ele veio e me disse que estava pronto para receber um conselho meu e o seguir, mas antes se queixou muito da esposa, gastando nisso 25 dos 90 minutos que passamos juntos. Quando terminou, eu lhe perguntei se ele tinha certeza de que nunca tinha feito nada de errado com a esposa. Ele me respondeu que dava dinheiro a ela e que achava que fazia tudo certo. Então eu lhe perguntei com que frequência ele ficava fora de casa a trabalho. Ele respondeu que não viajava muito para fora do país, mas que viajava para outras cidades umas três vezes na semana. Pedi a ele, então, que imaginasse como seria inverter os papéis e cuidar de três filhos, cozinhar, limpar, cuidar da casa. Como se sentiria? De imediato, ele respondeu que poderia fazer isso. Passado um tempinho, ele reconsiderou e disse que talvez fosse demais para ele. Então, eu lhe mostrei que a esposa é humana, que está exausta, que ele viaja muito e ela assume todas as responsabilidades. Aconselhei que voltasse para casa, que nada esperasse da mulher, mas que lhe levasse um presente, e que fizesse isso por pelo menos uma semana; que, como mãe de suas filhas, desse a ela um presente, e, depois disso, se ainda quisesse a separação, que o fizesse. Com o conselho em seu coração, ele saiu e tentou por uma semana. Eles não se separaram e continuam juntos até hoje. Um dia depois de receber o presente, a esposa sentiu que o marido estava novamente presente, pois havia esquecido de cumprir suas responsabilidades como esposo bom e gentil. Amor e atenção funcionam sempre para fazer transformações. É preciso compreender, prestar atenção para ver onde está o problema."

Thero aconselha muitos casais em suas viagens. Ele sempre relata: "Muitos terapeutas de casais não procuram ver onde está a origem dos dramas ou por que eles surgiram, e os casais são conduzidos de forma errada e não conseguem encontrar uma solução para os conflitos. Não se pode pender apenas para um lado, é preciso estar no meio e entender o ponto de vista dos dois. Como conselheiros e terapeutas, temos que ter muita empatia para sentir o que está acontecendo, mas não temos que abraçar ou dar amor a um ou outro, pois não estamos no papel de mães ou de amigos. Estamos aqui para oferecer opções de resolução dos conflitos ou, pelo menos, dar um pequeno conselho. Eu faço com que os parceiros revejam a situação, expandam as suas mentes, coloquem-se no lugar do outro e sintam como o outro, porque uma mente estreita é controlada pelo ego e acredita que só ela está com a razão, o outro é sempre o errado.

"Importante num relacionamento é que se diferenciem pessoas e comportamentos. A maioria das pessoas se desfaz de um carro quando ele quebra. Assim fazem também com o casamento; as pessoas não querem consertar a relação, querem rejeitar o outro. Ninguém é perfeito neste mundo, cada um de nós comete erros. Mesmo num segundo casamento, espera-se que os erros não se repitam, no entanto, não é assim que acontece. Os problemas sempre voltam.

"As pessoas têm muita dificuldade em olhar para si mesmas. Quando alguém reclama, ela sofre; primeiro se irrita e passa longe de ser compassiva. Onde está a amizade consigo mesma?"

"Quando você não é gentil consigo mesmo, não aceita sua irritação e sua raiva, só causa sofrimento." (Kusala Thero)

Casais que se tratam com empatia são felizes?

Uma relação amorosa implica que dois egos convivam separados ou que haja nessa relação um "nós", ou que uma parte de nós precisa conviver com o ego de outro. O amor é, por muitas vezes, complicado. Será a empatia uma solução para a felicidade?

Constantemente me pergunto se a empatia é essencial para que haja felicidade numa parceria, por isso, entrevistei alguns casais. Primeiro, entrevistei Victoria e Frank, um casal feliz. Nós nos encontramos em uma cafeteria no parque da cidade de Hamburgo e conversamos sobre empatia. O casal tem três filhos e estão casados há alguns anos. Os gêmeos caçulas estavam com eles e um dos bebês ficou dormindo em meu colo durante toda a entrevista.

Depois, entrevistei Ines e Arndt, que estão juntos há pouco tempo. Namoraram apenas seis meses e decidiram se unir, porque perceberam que foram feitos um para o outro. Conversei também com Jürgen, meu primeiro namorado, que, depois de um casamento fracassado, está muito feliz em outra união. Conversamos muito tempo sobre a necessidade de empatia numa relação.

Afinal, que importância tem a empatia num relacionamento?

Vicky: Eu não sei se sou empática ou não. Frank diz que eu sou. Eu simplesmente não posso deixar de agir quando vejo que posso ajudar. Quando ele está cansado ou quando está no limite das forças, eu pergunto se ele não precisa de um tempo livre no dia seguinte. Penso que, se eu o ajudo, tiro um pouco o peso de suas costas.

Frank: Frequentemente penso que tenho que fazer alguma coisa boa por minha esposa. Por exemplo, quando passo muito tempo fora de casa, eu penso que ela também tem o direito de ter um tempo livre. E não me sinto tão culpado quando ela também viaja a trabalho, porque eu vejo claramente que, se só eu me ausento e ela não tem um tempo para si mesma, a longo prazo isso não vai ser bom para nossa relação.

Aos olhos de Victoria, Frank é muito empático. Ela relata que, no início do relacionamento, agia como todas as mulheres frequentemente agem. Quando ele percebia que ela não estava bem e a questionava sobre isso, ela simplesmente fazia como todas as mulheres normalmente fazem e respondia que estava tudo bem. Mas não estava e ele não deixava que ficasse por isso mesmo. "Ele via nos meus olhos as lágrimas de raiva que queriam sair e não deixava que eu ficasse assim. Muitas vezes ele percebia meu estado emocional mesmo antes de mim. Ele conta de um até dez, até que eu fale o que estava acontecendo. Isso mantém nosso relacionamento em equilíbrio. Não podemos ir à noite para a cama em desacordo."

Eles se olham, sorriem um para o outro, e Frank diz que eles se conhecem muito bem, e quando percebem que há algum mal-estar procuram esclarecer para que o relacionamento volte ao equilíbrio.

Ines fala sobre si mesma e de seu relacionamento com Arndt. Para ela, empatia em uma relação significa perguntar com mais frequência como o parceiro se sente ou do que ele precisa para que fique bem. Isso só funciona se ambos pensarem e viverem dessa maneira. Se tivermos sorte em encontrar um parceiro que pense assim, o relacionamento terá bases firmes para a felicidade.

Jürgen Engel relata que em seu atual relacionamento a empatia tem enorme importância: "Eu não queria ficar com alguém que não sentisse empatia, porque isso para mim é inconcebível. Como pode dar certo uma relação em que não haja um alto grau de empatia entre os pares? Pode até acontecer em um relacionamento profissional, mas nunca entre duas pessoas que decidiram passar a maior parte de suas vidas unidas. Traduzindo, empatia significa ter interesse pelo que acontece com o companheiro, é querer saber do outro, querer compartilhar o que está dentro de si e estar seguro em saber que o outro também encontra segurança em você. É apresentar-se vulnerável, na certeza de que não será julgado quando mostrar o lado tolo que todos temos. É preciso que haja a compreensão de que as necessidades do outro são diferentes das nossas ou, senão, o que aconteceria quando um desejasse o que o outro absolutamente não deseja? E de que maneira é possível chegar a um acordo sobre isso?

Quanta abertura é necessária para um relacionamento empático?

Frank: "Estar aberto para o outro é muito importante num relacionamento, mas não é preciso que você saiba tudo ou ficar perguntando sobre tudo que se passa com seu parceiro ou parceira. Sabemos mais ou menos quem está fazendo o quê, e isso é suficiente. Tudo o que é bom ou mal numa parceria deve ser discutido, mas não é preciso saber tudo. Quando Vicky sai para encontrar suas amigas, eu não preciso que ela me reporte tudo o que disseram ou fizeram, pois é necessário respeitar a individualidade do outro."

Todos também precisam de certa independência.

Da mesma forma, Ines fala sobre como a abertura entre os parceiros é importante no relacionamento. Ela diz que é necessário haver 100% de abertura, pois considera que a maior parte dos problemas em uma relação amorosa é que os parceiros não pensam ou não conseguem sentir o que se passa com o outro, porque só pensam em si mesmos: "Já ouvi muitas vezes de amigos que seus parceiros não os ouvem ou não têm interesse em saber como eles se sentem. E aí? É preciso falar o que sentimos, o que estamos pensando, senão não damos ao outro a menor chance de ter empatia conosco."

Vocês conversam um com o outro?

Vicky e Frank: "Nós conversamos muito, até sobre coisas insignificantes. No café da manhã, conversamos por pelo menos uma hora e, durante o jantar, longamente, e ainda quando as crianças vão para a cama, de forma que não fica nada, nada por dizer. Sempre começamos falando sobre as coisas que precisam ser feitas, coisas que precisamos resolver, e as questões emocionais surgem quando algo se torna pesado demais para nós ou quando temos um problema."

Assim também acontece com Ines e Arndt, eles sempre têm muito a dizer um ao outro. Ines revela que precisa expressar os pensamentos e sentimentos porque o que ela não menciona o parceiro não sabe e, se não sabe, como vai agir com empatia? Por isso, o que se sente, pensa ou machuca tem que ser falado.

Sobre a comunicação num relacionamento: falar demais é bom?

Jürgen: "Falar além da conta também não é bom. Por exemplo, minha parceira sempre quer conversar mais do que eu. Em alguns momentos, eu gostaria de fazer outras coisas, como assistir a um filme, por exemplo. Então, às vezes, falar pode ser demais. Mas isso parece ser uma tendência das mulheres, mais do que dos homens, como demonstram as estatísticas."

Qual medida, então, poderia ser considerada como a ideal?

Jürgen: "Acredito que não se possa precisar, mas que depende da necessidade. Se eu vejo que o vínculo está se enfraquecendo, então devemos fazer algo a respeito. É por isso que se deve estar atento ao parceiro e à relação, pois se começar a acontecer um distanciamento entre o casal, então temos que falar mais, conversar mais."

Se o casal não está acostumado a conversar, o que devem fazer?

"É preciso praticar, aumentar os encontros desse tipo, criar oportunidades de diálogo, pois quanto mais as coisas se complicam, mais precisam ser esclarecidas. É simples."

É possível isso, sem falar?

"São casos muito raros os campos em que a grama cresce sem que se precise plantar sementes. De fato, nesses casos, o que há no subsolo acaba emergindo. Acho que é fatal não se falar quando há questões que precisam ser resolvidas."

Quando um casal se conhece muito bem, existem coisas que nem precisam ser ditas?

Frank: "Às vezes sonho em ter um tempo livre para sair com minha moto por aí. Então, espero a oportunidade para falar com Vicky sobre isso. Espero o momento certo, mas Vicky sempre se antecipa e me pergunta primeiro se eu não quero tirar um dia de folga, porque ela está de saída também para alguma coisa."

Que papel tem a confiança num relacionamento?

Jürgen: "A confiança é imprescindível num relacionamento. É provavelmente o mais importante numa relação. Também não é algo que vá se construindo aos poucos; tem que estar no relacionamento desde o início, pois é preciso primeiro ter confiança em si mesmo, no que deseja para si. Se uma mulher foi traída em relações anteriores, esse é um problema só dela, ela tem que se curar, pois não é trabalho do novo parceiro curar velhas feridas."

Criar hábitos comuns ajuda a unir um casal?

Vicky e Frank: "Nós costumávamos tomar um café da manhã romântico antes da chegada das crianças. Hoje eles estão em todos os lugares, até debaixo da mesa. Mas alguns rituais foram preservados. Por exemplo, garantimos que todos tenham na mesa aquilo de que gostam, que todos possam comer e beber e começar o dia em paz."

Ines e Arndt também mantêm rituais em conjunto: "Temos dois fins de semana só para nós, pois as crianças estão com o pai. Estou no segundo casamento e a cada quinze dias as crianças ficam com o pai. Um tempo livre para um casal que tem filhos é importantíssimo, pois o tempo que se dispensa para as crianças é muito, e sobra pouco para nós dois. Nos sábados desses fins de semana sozinhos, acordamos tarde e o primeiro a despertar é quem prepara o café da manhã. Então, ficamos um bom tempo na cama, tomando café e conversando. As manhãs de sábado são ideais para conversarmos sobre as situações que nos preocupam ou sobre nossos desejos, em uma atmosfera de paz e calma. Tornou-se hábito e sentimos muita falta quando, por algum motivo, não podemos fazer isso.

Como cuidam um do outro?

Vicky: "Estamos atentos se um de nós não está bem, não só em nosso relacionamento, mas também no que diz respeito às crianças, se elas também estão felizes. Eu sei que tudo depende de nós, nós somos a origem de tudo, portanto, toda a família ficará feliz se eu e Frank também o formos, caso contrário, desmorona o castelo de cartas.

O que faz vocês felizes?

Frank: "O que me deixa feliz é quando tudo corre bem em nosso cotidiano, quando acordo de manhã e todos estão com saúde, todos estão contentes. Sabemos o quanto é exaustivo ter crianças doentes."

Generosidade e serenidade fazem vocês felizes?

Vicky e Frank: "Nós dois somos imaturos em muitas coisas. Todos ficaram admirados, no casamento, com como fomos bem rápidos em arrumar tudo; as toalhas, as flores, tudo foi resolvido muito rapidamente e sem complicações, porque, para nós, o mais importante era que estivéssemos juntos e não que tivéssemos que planejar tudo com perfeição. O importante era a intenção, o que nos motivava, e, se a toalha de mesa não fosse perfeita, não havia motivo para que ficássemos com raiva."

É possível ser muito empático num relacionamento?

Frank: "Seria muito irritante para mim se me perguntassem constantemente como estou, o que estou sentindo ou qualquer coisa desse tipo. Acho que muitas vezes precisamos desses momentos sem ter que relatar nada a ninguém, mas acho que sim, é possível ser bastante empático num relacionamento, mas isso precisa ser equilibrado e deve ser preponderante na escolha de um parceiro."

E se o desentendimento tiver sido causado por você, Frank?

Frank: "Essa é a melhor opção! É mais fácil descobrir qual foi o motivo, mesmo que eu tenha feito besteira. É um alívio poder me expressar!"

Vicky: "Algumas vezes a resposta pode ser simplesmente: 'Não sei ainda, por favor, me deixe em paz, eu preciso descobrir.'"

Com seu comportamento, você causou algum desconforto à Vicky. O que acontece depois?

Frank: "Então começa uma grande discussão; eu posso ter inúmeras razões para ter decidido algo assim e não de outra forma."

Vicky: "Nossa discussão mais longa durou dois dias. Depois de dois dias de brigas, estávamos os dois de cara amarrada, quando resolvi, então, procurar no Google. Descobri uma fonte confiável e desde então descobrimos a maneira correta de meu filho usar seu capacete."

Frank: "Isso é sobre querer sempre estar com a razão, no entanto, é possível concordar com o outro lado da coisa."

Vocês conseguem se perdoar?

Frank: "Há sempre um momento em que começamos a ver que não faz sentido a argumentação e acabamos rindo da situação."

Como vocês acabam, então, se resolvendo?

Frank: "Não perdemos a oportunidade para fazer piada da situação. Nós criamos o hábito de rir e zombar afetuosamente um do outro e acaba tudo ficando bem."

Vocês acham que ter gostos semelhantes é importante numa relação?

Vicky e Frank: "Nós combinamos bastante. Gostamos de receber pessoas, de visitar os amigos, adoramos ir a teatro, ouvir música. Quando se tem gostos semelhantes, há menos conflitos. Nós somos muito parecidos em algumas coisas, também em relação ao paladar, gostamos das mesmas comidas. Até mesmo somos parecidos nisso, ambos não gostamos de frutos do mar."

Ines e Arndt também compartilham interesses: "Na nossa relação temos muitas coisas em comum e que são importantes para nós. Adoramos viajar e assistir aos mesmos shows. Decidimos nosso roteiro de férias em conjunto e ambos concordamos em tudo. No entanto, temos um acordo de não fazer o que não gostamos. Eu não tenho que me tornar fã de motocicletas só porque meu marido tem uma motocicleta. Quando ele vai participar de seus passeios de moto com os amigos, eu aproveito e vou caminhar ou participar de um seminário, o que também está longe de ser de interesse dele."

Jürgen também teve boas experiências para relatar: "Antigamente, eu achava que um relacionamento poderia dar certo mesmo não havendo coisas em comum, mas hoje acho fundamental. Por que eu desejaria estar unido a uma pessoa que nada tem a ver comigo e que não tem interesses semelhantes aos meus? Pode até ser divertido; como dizem, os opostos se atraem. Mas acho melhor quando há interesses em comum."

Pessoalmente, o que para vocês é mais importante num relacionamento?

Jürgen: "Consideração é fundamental. O apreço precisa ser expresso — as pessoas necessitam ouvir que são apreciadas. Cônjuges pensam geralmente que o outro sabe o que eles sentem, então não é preciso ficar falando sempre. Sim! É preciso! Todos nós precisamos ouvir que somos desejados, amados, apreciados."

Ines: "Acho que é importante, nos relacionamentos amorosos, falar sobre as coisas que nos afetam, preocupações, problemas e sentimentos, de forma descontraída, mas acho fundamental dizer ao parceiro que o ama. É importante também surpreender o companheiro, por exemplo, perguntando-nos o que poderíamos fazer para que o dia dele seja melhor. Não fazer isso apenas quando você se sente bem, mas fazer para que ele se sinta bem. 'Eu sou tão feliz com você!', é uma frase que digo sempre ao meu companheiro e que também gosto de ouvir!"

O que é preciso para que um relacionamento dê certo?

Jürgen: "Relacionamento amoroso é um assunto muito importante, é preciso que seja levado a sério. É preciso fazer dele sua missão, porque tem que ser prioridade na sua vida. A dedicação ao trabalho, à casa, aos amigos, aos hobbies parecem ser a preocupação principal de algumas pessoas. Em segundo lugar, vem o relacionamento amoroso. Isso não dá certo, porque é preciso investir tempo de qualidade e energia numa relação a dois. Pode não ser agradável ter que fazer isso, claro, mas a pergunta a se fazer é quanta importância tem uma relação amorosa para você. Qual lugar ela tem em sua vida e como isso reflete em suas ações. Encontro na minha agenda tempo para me dedicar? Cada casal deve encontrar um método próprio que lhes garanta ter tempo de qualidade para se dedicarem um ao outro. Se tenho problemas com meu carro, vou buscar ajuda e o levo à oficina. Ou vou buscar por um bombeiro se a torneira goteja, mas não há um doutor para relacionamentos doentes. É preciso que ele dê certo, tem que dar. Mas ninguém age assim, pensa-se da mesma forma de quando alguém vai a um psicólogo: todos acham que a pessoa ficou doida da cabeça."

Nesses casais que passam a vida a dois com a empatia cognitiva (empatia em que se reflete sobre o que o outro necessita) e a empatia emocional (sinto a lágrima em seus olhos), ambos os parceiros se preocupam um com o outro e o relacionamento familiar é o mais importante objetivo de suas vidas. Um pelo outro, amorosamente atentos às necessidades do companheiro. Essa abordagem empática cria intimidade e proximidade maiores do que o próprio ego, e o melhor é que a empatia a dois é o que nos faz felizes.

Impulsos de empatia

AFIRMAÇÃO: *Estou aberto a todas as facetas do amor.*

— Amar alguém significa abrir o coração;
— Amar alguém significa todas as manhãs perguntar-se como tornar melhor a vida do companheiro;
— Amar alguém significa amar primeiro a si mesmo;
— Amar alguém significa pensar e sentir as necessidades do outro;

— Amar alguém significa transformar uma parte do nosso "eu" em "nós";
— Amar alguém significa alimentar e cuidar do relacionamento;
— Amar alguém significa se entregar e confiar;
— Para amar alguém é preciso atração, amizade e abertura.

A revolução empática

Quando alguém toma a decisão de escrever um livro sobre um tema tão importante, é porque há um ponto de vista por trás. Por isso sempre me perguntavam por que eu me propunha a isso. Se minha profissão era como instrutora de oratória, por que estava escrevendo um livro sobre empatia?

Para mim, não havia qualquer distância entre esses dois assuntos. O tom de voz, sua modulação, expressão, escolha de vocabulário, tudo isso, no meu ponto de vista, é o resultado sonoro de uma atitude interior. Isso mostra se estou ou não disposta a considerar os motivos, necessidades e sentimentos do outro, me sinaliza o quanto me importo em estar sempre com a razão ou se sou sensível ao que os outros sentem. As pessoas percebem em minha voz bondade, compreensão e acolhimento? Como soa a voz do amor?

Quando estou dando uma palestra e faço essas perguntas, não posso deixar de me lembrar de minha trajetória. A princípio, meu interesse começou por desenvolver empatia na voz, com isso ampliei meus horizontes, o que me levou a fazer conferências e workshops. Depois disso, cresceu em mim o desejo de interação empática com as pessoas.

Tornou-se evidente que eu não desejava apenas que as pessoas se expressassem com uma voz clara, ressoante e eficaz, mas que o mundo todo soasse cada vez mais bonito por meio de sons agradáveis, amorosos e apreciativos. Talvez seja idealismo ou ingenuidade pensar que isso possa fazer alguma diferença, mas o idealismo existe para que seja preenchido com a ação.

Thero também tem uma importante visão de nossa sociedade, e é esse idealismo o motivo de suas viagens a todos os cantos do planeta.

Ele quer dar suporte às pessoas para que elas possam ser melhores com os outros e com elas mesmas. Simplesmente serem pessoas melhores. Para isso, ele, outros monges e professores criaram, aos domingos, uma escola no Sri Lanka, a *Sri Sumedha Dhamma School*, financiada exclusivamente por doações. Suas ideias contagiam a todos e a escola é construída pelas mãos de muitas pessoas dos arredores. Ele deseja construir um colégio em que as pessoas possam ser educadas dentro de princípios éticos e com um saudável código de valores.

Uma vez, perguntei a ele como mudar a forma de pensar de uma sociedade que já estava tão sedimentada em seus valores. Ele me respondeu que as pessoas precisavam pensar que nada é para sempre, que a vida é finita. Quando se tem conhecimento disso, a perspectiva muda. Esse é o grande conceito da vida. Talvez, pensando dessa forma, as pessoas parem de se preocupar em ganhar tanto dinheiro e comecem a aproveitar a vida com o dinheiro que têm.

Talvez também aprendam a respeitarem-se uns aos outros, pois cada homem é importante em si mesmo e tem os mesmos direitos dos demais; cada um tem a mesma sensibilidade, gostamos de algumas coisas e não de outras, essa é a base da formação do ser humano. Por exemplo, ninguém gosta de ser punido. Somos todos iguais, independentemente de raça, religião, cor de pele ou status.

Quando perguntei a ele sobre religião, ele me disse: "O conceito de religião deve ser ampliado, o conceito de moralidade deve ser colocado em prática em toda sociedade, de forma que se tornem conceitos universais e não estejam ligados a uma religião ou outra. Nós todos precisamos ter consciência dos valores que são universais: uma forma muito natural de lidar com os outros. E a minha ideia é passar o conhecimento básico do que é a vida, a sensibilidade, a empatia e a moralidade, independentemente de religião, país ou povo, mas *uma forma universal de valores de vida para todos*. Com uma base ética, dentro de cinco anos já veríamos mudanças no mundo. A filosofia dos homens, da humanidade, a palavra da humanidade ganharia vida. Não importaria onde cada um estivesse, todos poderiam se sentir em segurança em qualquer lugar do mundo."

As palavras do monge mexeram muito comigo. Valores fundamentais e humanidade. Seria tão fácil assim? Vamos usar nosso tempo para refletir a respeito de quais são os nossos valores e como vivemos a nossa humanidade, o que exatamente significam essas palavras e que sentido damos a elas em nossas vidas. Sabemos que vivemos sobre uma balança, cujo equilíbrio entre o eu e os outros é fundamental; pense no quanto seria bom pesar essa balança, equilibrá-la com a ternura, apertar as mãos e nos abrir.

Na era da informatização, da individualização, dos interesses econômicos e de um ritmo de vida acelerado que a tudo permeia, os valores são essenciais e devem desempenhar um papel protagonista na vida.

Eu acredito ser possível uma revolução empática, minha ideação de mundo é que cada pessoa aprenda a olhar para dentro de si e, ao mesmo tempo, para fora, e realmente se sensibilizar. Para isso é necessário desenvolver a percepção de si mesmo, tornar-se uma pessoa autoconfiante que ousa ser empática consigo e com os outros. Quando isso acontece, ocorre também um pequeno milagre:

O *Homo empathicus* entra em ascensão.

Jürgen Engel, no final de nossa conversa, fez um breve resumo: "A empatia é revolucionária. É o maior presente que alguém pode dar a si mesmo. Existem poucas coisas nesse mundo mais maravilhosas do que estar vivo e atento a si, e ter clareza do que deseja. Somente assim pode-se entrar em profundo contato com o outro, e, por isso, é um grande presente. Às vezes, tenho vontade de sacudir as pessoas e dizer: nada é mais precioso do que cuidar de seu eu interior."

* * *

Com esse propósito — vamos começar uma revolução!

Lokah Samastah Sukhino Bhavantu: "Que todos os seres do universo sejam livres e felizes."

Que cada um faça sua parte.

Agradecimentos

Gostaria de agradecer à Ute Flockenhaus, cujo estímulo me fez escrever este livro. Agradeço pelas orientações que possibilitaram que esse tema se tornasse um "grande" tema.

À minha maravilhosa editora Ulrike Hollmann, minha gratidão pelo grande interesse e pelos sábios questionamentos e por me ajudar com o desenvolvimento do tema, aguçando o pensamento, sinalizando incertezas e incoerências.

Agradeço a Sandra Krebs, da editora GABAL, que desde o início acreditou no livro e me acompanhou nos primeiros passos.

Agradeço àquela pessoa da minha família que é a minha melhor amiga, minha maior crítica e a pessoa mais querida da minha vida: minha filha Marleen. Ela que, por muitas vezes, me repreendeu: "Você está escrevendo o livro errado! Você não me entende em nada!" Obrigada, minha querida. Eu estou aprendendo. Eu te amo.

Agradeço a Thero, que, com sua natureza amável e alegre e suas palavras gentis, fez com que as horas passadas no Sri Lanka fossem experiências inesquecíveis.

Agradeço a Britta por ter trazido Thero à minha vida.

Agradeço a Charmara Indika e à grande equipe do Hotel Ayurveda Mountain Villa, que fez com que o Sri Lanka se tornasse um lar para mim.

Agradeço a todos os meus amigos que me apoiaram durante o processo de criação deste livro, em especial Martin, Jane, Tomma, Carmen, Inka, Janine, Ines, Kerstin, Britta, Micha, Carsten e Vince. Vocês valem ouro!

Agradeço à minha família pelo que sou hoje, com todos os erros e acertos. Gratidão por nossa caminhada juntos.

Agradeço de coração a todos os meus parceiros de entrevista que me inspiraram. Gratidão aos felizes casais Ines e Arndt, Victoria e Frank. Obrigada a Jürgen Engel, Matthias Albers, Christine Gundlach e Dr. Wolfgang Krüger.

Agradeço à minha professora de ioga Petra Algier, que sempre começa suas aulas com um pequeno e sutil pedaço de sabedoria. Querida Petra, posso levar para casa um novo pensamento empático a cada hora!

Agradeço também a alguns colegas que me acompanharam, aconselharam e inspiraram ao longo dos anos: Ulrike Scheuermann, Emanuel Koch, Christian Buchholz, Martin Laschkolnig, Joachim Rumohr, Daniela Dlugosch, Katja Sterzenbach, Claudia Kimich, Carsta Stromberg, Thomas Frühwein, Michael Geerdts, Nils Bäumer e Alexander Groth. Que bom que vocês estiveram presentes e se tornaram mais do que colegas!

Bibliografia

Bartens, Werner: *Empathie. Die Macht des Mitgefühls.* Droemer Verlag, 2017.

Bauer, Joachim: *Prinzip Menschlichkeit. Warum wir von Natur aus kooperieren.* Heyne Verlag, 2008.

Bauer, Joachim: *Warum ich fühle, was du fühlst. Intuitive Kommunikation und das Geheimnis der Spiegelneurone.* Heyne Verlag, 2006.

Bernstein, Gabrielle: *The Universe Has Your Back: Transform Fear to Faith.* Hay House, 2016.

Bernstein, Gabrielle: *Spirit Junkie. A Radical Road to Self-Love and Miracles.* Harmony, 2011.

Bloom, Paul: *Against Empathy. The Case for Rational Compassion.* Penguin Random House, 2016.

Bornemann, Boris e Singer, Tania: *Das ReSource-Trainingsprotokoll.* Em: Singer, Tania / Bolz, Matthias (Hrsg.): *Mitgefühl. In Alltag und Forschung.* Max Planck Society [E-Book], 2013.

Brach, Tara: *Aceitação radical: Como despertar o amor que cura o medo e a vergonha dentro de nós.* Editora Sextante, 2021.

Breithaupt, Fritz: *Kulturen der Empathie.* Suhrkamp Verlag, 2009.

Breithaupt, Fritz: *Die dunklen Seiten der Empathie.* Suhrkamp Verlag, 2017.

Brown, Brené: *A coragem de ser imperfeito: Como aceitar a própria vulnerabilidade, vencer a vergonha e ousar ser quem você é.* Editora Sextante, 2016.

Cameron, Julia: *O caminho do artista: Desperte o seu potencial criativo e rompa seus bloqueios.* Editora Sextante, 2017.

Chapman, Gary: *As cinco linguagens do amor: Como expressar um compromisso de amor a seu cônjuge.* Mundo Cristão, 2013.

Coplan, Amy e Goldie, Peter: *Empathy. Philosophical and Psychological Perspectives*. Oxford University Press, 2014.

Dalai Lama: *Uma ética para o novo milênio*. Editora Sextante, 2000.

Dalai Lama e Ekman, Paul: *Gefühl und Mitgefühl*. Spektrum Akademischer. Verlag, 2011.

de Waal, Frans: *A era da empatia: Lições da natureza para uma sociedade mais gentil*. Companhia das Letras, 2021.

Decety, Jean: *The Neuroscience of Empathy*. The MIT Press, 2011.

Decety, Jean: *Empathy. From Bench to Bedside*. The MIT Press, 2014.

Ekman, Paul: *Gefühle lesen. Wie Sie Emotionen erkennen und richtig interpretieren*. Springer-Verlag, 2010.

Emcke, Carolin: *Contra o ódio*. Editora Âyiné, 2020.

Fossum, Karin: *The Murder of Harriet Krohn*. Harpervia, 2015.

Gonzales, Robert: *Ein Leben in Mitgefühl. Inspirationen für eine tiefe innere Verbundenheit und Erfüllung*. Arbor Verlag, 2016.

Gordon, Mary: *Roots of Empathy: Changing the World Child by Child*. The Experiment, LLC, 2009.

Hagen, Jeannette: *Die leblose Gesellschaft. Warum wir nicht mehr fühlen können*. Europa Verlag, 2016.

Hanh, Thich Nhat: *A arte de se comunicar*. Editora Vozes, 2017.

Jamison, Leslie: *Exames de empatia*. Globo Livros, 2016.

Jinpa, Thupten: *Um coração sem medo: Por que a compaixão é o segredo mais bem guardado da felicidade*. Editora Sextante, 2016.

Kläui, Christian: *Einfühlen und Hören. In: Psychoanalytisches Arbeiten. Für eine Theorie der Praxis*. Huber, 2008.

Krüger, Wolfgang: *Aus Eifersucht kann Liebe werden. Die Heilung eines ungeliebten Gefühls*. Kreuz Verlag, 2013.

Levine, Amir e Heller, Rachel S.F.: *Maneiras de amar: Como a ciência do apego adulto pode ajudar você a encontrar — e manter — o amor*. Editora Sextante, 2021.

Ricard, Matthieu: *A revolução do altruísmo*. Palas Athena, 2015.

Riemann, Fritz: *Die Grundformen der Angst*. Ernst Reinhardt Verlag, 2017.

Rifkin, Jeremy: *The Empathic Civilization: The Race to Global Consciousness in a World in Crisis.* TarcherPerigee, 2009.

Rosenberg, Marshall B.: *Amo você sendo quem sou.* Palas Athena, 2020.

Rosenberg, Marshall B.: *Comunicação não violenta: Técnicas para aprimorar relacionamentos pessoais e profissionais.* Editora Ágora, 2021.

Ruiz, Don Miguel: *Os quatro compromissos: O livro da Filosofia Tolteca - Um guia prático para a liberdade pessoal.* Bestseller, 2020.

Scheuermann, Ulrike: *Innerlich frei. Was wir gewinnen, wenn wir unsere ungeliebten Seiten annehmen.* Knaur Verlag, 2016.

Schulz von Thun, Friedemann: *Miteinander reden 3: Das "Innere Team" und situationsgerechte Kommunikation: Kommunikation, Person, Situation.* Rowohlt Taschenbuch Verlag, 2013.

Shakespeare, William: *Die Fremden. Für mehr Mitgefühl.* Dtv, 2016.

Singer, Tania/Bolz, Matthias (Hrsg.): *Mitgefühl. In Alltag und Forschung.* Max Planck Society [e-book], 2013.

Singer, Tania e Ricard, Matthieu: *Mitgefühl in der Wirtschaft. Ein bahnbrechender Forschungsbericht.* Albrecht Knaus Verlag, 2015.

Sterzenbach, Katja: *Be YOUnique: Lebe dich selbst, so wie du dir gefällst.* Knaur Balance, 2016.

Tolle, Eckart: *O poder do agora: Um guia para a iluminação espiritual.* Editora Sextante, 2010.

Watzlawick, Paul: *Sempre pode piorar ou a arte de ser infeliz.* Editora EPU, 1984.

Weckert, Al: *Gewaltfreie Kommunikation für Dummies.* Wiley-VCH Verlag, 2014.

Wiseman, Richard: *The As If Principle: The Radically New Approach to Changing Your Life.* Free Press, 2013.

Artigos

Bittelmeyer, Andrea: *Wie viel Gefühl braucht Führung?* managerSeminare Heft 213. Dezembro, 2015.

Derntl, Birgit: *Neuronale Korrelate der Empathie*. Em: Schneider, Frank (Hrsg.), *Positionen der Psychiatrie*. Springer-Verlag, 2012.

Funk, Lena: Empathie. Em: Dieter Frey (Hrsg.), *Psychologie der Werte*, p. 53ff. Springer-Verlag, 2015.

Hürter, Tobias; Lührs, Greta; Vašek, Thomas: *Die Gefühle der anderen*. Hohe Luft, edição 3/2016.

Kanske, Philipp; Böckler, Anne; Trautwein, Fynn-Mathis e Singer, Tania: *Dissecting the social brain: Introducing the EmpaToM to reveal distinct neural networks and brain-behavior relations for empathy and Theory of Mind*. NeuroImage 122, 6-19, 2015.

Kanske, Philipp; Böckler, Anne; Trautwein, Fynn-Mathis; Lesemann, Franca H. Parianen; Singer, Tania: *Are strong empathizers better mentalizers? Evidence for independence and interaction between the routes of social cognition*. Acesso Avançado à Neurociência Cognitiva e Afetiva Social, maio de 2016.

Klimecki, Olga M.; Leiberg, Susanne; Ricard, Matthieu; Singer, Tania: *Differential Pattern of functional brain plasticity after compassion and empathy training*. Acesso Avançado à Neurociência Cognitiva e Afetiva Social, maio de 2013.

Klimecki, Olga; Leiberg, Susanne; Lamm, Claus; Singer, Tania: *Functional neural plasticity and associated changes in positive affect after compassion training*. Cerebral Cortex, Oxford University, 2012.

Otto, Anne: *Wir waren alle ein wenig berauscht vom eigenen Mitgefühl. Interview mit Fritz Breithaupt*. Em: *Psychologie Heute*. Março de 2017.

Siefer, Werner: *Die Zellen des Anstoßes*. Die Zeit, 16.12.2010.

Singer, Tania e Klimecki, Olga M.: *Empathy and compassion*. Current Biology, Vol. 24, N° 18.

Singer, Tania; Seymor, Ben; O'Doherty, John; Kaube, Holger; Dolan, Raymond J.; Frith, Chris D.: *Empathy for Pain Involves the Affective but not Sensory Components of Pain*. Science Vol. 303, 2004.

Tomescheit, Wiebke: *Jemand, der viele Bücher liest, ist selten ein Rassist*. Entrevista com Jostein Gaarder. Em: *Hamburger Morgenpost*, de 23/04/2017.

Links

Projeto Tania Singer, "*Compassion. Bridging Practice and Science*", e-book gratuito [em alemão e inglês]:
http://www.compassion-training.org

O monge Thero, do Sri Lanka, meu parceiro de entrevista:
http://www.kusalathero.com/

Jürgen Engel, treinador de comunicação não violenta:
http://www.engeltraining.de/

Matthias Albers, psicoterapeuta e instrutor de empatia:
http://www.empathiehafen.de/

Christine Gundlach, instrutora qualificada do método Grinberg:
http://www.christinegundlach.de/

Ines Wegener, relações de trabalho; entrevista sobre relacionamentos:
http://www.ruhewerk.de/

Hamburger Stimmklinik, clínica frequentada por Thero para tratamento de garganta:
http://www.stimmklinik.de

Minha amiga, Jane Bormeister, que pesquisa as conexões entre o corpo e as emoções na fala:
http://www.janebormeister.de/

Katja Sterzenbach, que me ensinou meditação de uma forma muito prazerosa:
http://www.katjasterzenbach.com

Filmes

Die Revolution der Selbstlosen. Mindjazz Pictures (Alive AG) 2016.
Documentário *Happy — Você é feliz?*

Discurso de Obama no original:

"But I think we should talk more about our empathy deficit — the ability to put ourselves in someone else's shoes; to see the world through those who are different from us — the child who's hungry, the laid-off steelworker, the immigrant woman cleaning your dorm room. As you go on in life, cultivating this quality of empathy will become harder, not easier. There's no community service requirement in the real world; no one forcing you to care. You'll be free to live in neighborhoods with people who are exactly like yourself, and send your kids to the same schools, and narrow your concerns to what's going in your own little circle. Not only that — we live in a culture that discourages empathy. A culture that too often tells us our principal goal in life is to be rich, thin, young, famous, safe, and entertained. A culture where those in power too often encourage these selfish impulses."

http://obamaspeeches.com/079-Northwestern-University-Commencement-Address-Obama-Speech.htm

Impressão e Acabamento:
EDITORA JPA LTDA.